André Farin
In Schmierstiefeln weit weg von der Zivilisation

Für meine Mutter

Zu diesem Buch

Otto von Bismarck weilte nachweislich dreimal auf der Insel Rügen. Die ersten beiden Aufenthalte von 1838 und 1854 waren nur Tagesreisen, um den Fürsten zu Putbus und seine junge Residenz kennen zu lernen bzw. den preußischen König in der Krimkrise zu beraten.

Die dritte Reise nach Rügen im Herbst 1866 war eher als kurzer Ostseeaufenthalt gedacht, um sich wie gewohnt von den Strapazen des Berliner Alltags zu erholen. Daraus wurden schließlich mehrere Wochen, da Bismarck so sehr krank war, dass an eine Rückreise in die Hauptstadt nicht mehr zu denken war.

Der Autor untersucht die Putbusser Tage, die zur Genesung des Grafen beitrugen. Dabei stellt er mithilfe von Briefen, die Johanna von Bismarck an den Privatsekretär Robert von Keudell schrieb, sowie mit anderen zeitgenössischen Dokumenten den Kurverlauf dar. Er fragt nach den Umständen, die eine Gesundung beschleunigten und schon recht bald Bismarcks Teilnahme an Jagden und kleineren Abendgesellschaften ermöglichten.

Das vorliegende Buch beleuchtet erstmals in dieser Form den Aufenthalt des preußischen Staatsmannes auf Rügen, gibt Einblicke in das damalige Leben auf der Insel und untersucht die »Kurbedingungen«, die eine Gesundung des kranken Politikers ermöglichten. Es hinterfragt die Legende von der Entstehung des Verfassungstextes an nur zwei Tagen und untersucht die Bedeutung der »Putbusser Diktate«, die inhaltlich in die Verfassung des Norddeutschen Bundes und der späteren deutschen Reichsverfassung von 1871 einflossen.

Auszüge aus den Tageszeitungen und erhalten gebliebene Anekdoten bereichern das Buch, das zugleich einen bildhaften Einblick in den Ort Putbus und dessen Umgebung bietet, wo Bismarck die notwendige Entspannung und Anregung fand.

Der Autor

André Farin, 1970 auf Rügen geboren, wuchs in Wreechen und Putbus auf, studierte von 1990 bis 1995 Germanistik, Anglistik und Geschichte an der Universität Rostock. Nach seinem Referendariat arbeitet er seit 1997 im Schuldienst der Insel. Hier entwickelte der »Lehrer des Jahres 2013« zusammen mit Schülern einen Rügenführer für Kinder.

Er beschäftigte sich mit der Geschichte von Putbus und Rügen und veröffentlichte eine Biografie über den Ortsgründer Wilhelm Malte Fürst zu Putbus sowie ein Buch über Lauterbach, Rügens ältestes Seebad. Für den Band »Schaurig-schönes Rügen« schrieb er in 30 Geschichten über historische Themen aus 500 Jahren Rügengeschichte.

ANDRÉ FARIN

»In Schmierstiefeln weit weg von der Zivilisation«

OTTO VON BISMARCKS BESUCHE
AUF DER INSEL RÜGEN

Kruse

André Farin:
»In Schmierstiefeln weit weg von der Zivilisation«
Otto von Bismarcks Besuche auf der Insel Rügen

Putbus 2014

Titelbild:
Jäger Otto von Bismarck um 1890

Herausgeber, Druck und Gestaltung:
Druck- und Verlagshaus Kruse
Frankenstraße 53
18439 Stralsund
03831 – 29 28 05
www.mv-druck.de

Papier:
Umschlag: Iglucard 235g/m²
Innenteil: Fly extraweiß 115g/m²

1. Auflage, September 2014
ISBN: 978-3-941444-98-0

Printed in Germany

Inhalt

Vorwort

»Am wohlsten ist mir in Schmierstiefeln,
weit weg von der Zivilisation ...«

Otto von Bismarck meinte einmal: »Am wohlsten ist mir in Schmierstiefeln, weit weg von der Zivilisation ..., am besten ist mir da zumute, wo man nur den Specht hört.«[1] Er beschrieb damit einen Zustand, der ihm wohl am sichersten half, außerhalb des politischen Alltags, der täglichen Situationen mit körperlichen und seelischen Anstrengungen sowie des damit verbundenen Stresses zur Ruhe zu kommen. Für eine längere Ruhephase weilte er im Jahr 1866 in Putbus auf Rügen, wo ihn sein Freund Wilhelm Fürst zu Putbus im fürstlichen Gartenhaus beherbergte und ihm dort eine willkommene Auszeit nach einem missglückten Attentat im Mai und dem siegreichen, aber anstrengenden Kampf gegen Österreich im August 1866 bot. Aus den geplanten 14 Tagen Urlaub an der Ostsee wurden fast zwei Monate Rügenaufenthalt. Dieser war geprägt von der Sorge der eigenen Familie und der Gastgeber um den Gesundheitszustand des kranken preußischen Ministerpräsidenten und den Bemühungen um dessen langsame Genesung.

Der Naturmensch von Bismarck, der die erholsamen Wochen im Gartenhaus der fürstlichen Familie zu Putbus verbrachte, erfuhr die notwendige Aufmerksamkeit und Unterstützung, um schon nach wenigen Tagen wieder in der Umgebung kurze Spaziergänge zu unternehmen oder nach einigen Wochen auf die Jagd zu gehen. Dafür eigneten sich die Landschaft, die natürlichen Besonderheiten und das Klima im südöstlichen Teil der Insel Rügen sehr, denn neben der willkommenen Ruhe und Abgeschiedenheit genossen die Bismarcks hier zugleich die gesunde Seeluft an der Küste.

In Putbus fand Otto von Bismarck aber auch die Zeit, um über die aktuelle politische Lage und die bevorstehende Gründung des Norddeutschen Bundes nachzudenken. In den »Putbusser Diktaten« sammelte er Ideen für Teile der Verfassung dieses neuen Staatengebildes und diktierte im Gartenhaus sehr gewissenhaft seine Gedanken darüber. Er beobachtete die Lage im fernen Berlin durch tägliches Zeitungsstudium und den Kontakt zu seinem Privatsekretär Robert von Keudell, damit seine Rückkehr nach der Kur in Putbus keine Probleme in seiner politischen Arbeit verursachte.

Das vorliegende Buch beleuchtet erstmals in dieser Form den Aufenthalt des preußischen Staatsmannes auf Rügen, gibt Einblicke in das damalige Leben auf der Insel

1 Otto von Bismarck bekannte sich zu dem Landleben in einem Gespräch mit seinem Mitarbeiter Moritz Busch am 15. November 1883. BUSCH 1899. S. 163.

und untersucht die »Kurbedingungen«, die eine Gesundung des kranken Politikers beschleunigten. Es hinterfragt die Legende von der Entstehung des Verfassungstextes an nur zwei Tagen und untersucht die Bedeutung der »Putbusser Diktate«, die inhaltlich in die Verfassung des Norddeutschen Bundes und die spätere deutsche Reichsverfassung von 1871 einflossen und erinnert an enge Beziehungen zwischen dem Fürstenhaus zu Putbus und den Größen der Berliner Politik seit dem Jahr 1815.

Putbus im August 2014 *André Farin*

1. Bismarcks drei Reisen auf die Insel Rügen – ein Überblick

»Ich ging nach Rügen, nicht ohne Sorge vor neuen Zumutungen, Minister zu werden und dadurch in unhaltbare Beziehungen zu Königen zu geraten.«

Von insgesamt drei Rügenreisen des Grafen Otto von Bismarck wissen wir. Während die Nachrichten zu den Aufenthalten von 1838 und 1854 sehr spärlich ausfallen, liegt zur Reise von 1866 eine größere Anzahl an Beiträgen von Autoren der Insel und des Festlandes vor. Diese helfen ebenso wie die Meldungen des Rügenschen Kreis- und Anzeigeblattes und die Briefe Johanna von Bismarcks an den Privatsekretär Robert von Keudell, einen tieferen Einblick in die Tage des Herbstes 1866 zu bekommen.[2]

Herbstreise im Jahr 1838

Otto von Bismarck war zu dieser Zeit ganz verliebt und vollkommen in Reiselaune. Nach seinem Studium der Rechtswissenschaften in Göttingen und Berlin und mit dem 1. Staatsexamen in der Tasche wechselte er rasch vom Justiz- in den Verwaltungsdienst. Er wirkte als Regierungsreferendar in dem Kurort Aachen, wo er sich bald langweilte. Die Liebe zu Laura Russell, der angeblichen Nichte des Herzogs von Cleveland, und eine Affäre mit einer älteren Französin sollten ein wenig Abwechslung in seinen Alltag bringen. Schon im Sommer 1837 bereiste er mit Lauras Freundin Isabella Deutschland und verlor dabei das Gefühl für die rechte Zeit und die Kosten eines so luxuriösen Lebens zu zweit. Weil er seine Urlaubszeit von 14 Tagen überschritten hatte, verlor er zudem noch sein Referendariat. Enttäuscht oder ernüchtert löste er die Liebensbeziehung auf und kehrte »arm am Beutel, krank am Herzen« nach Pommern zurück.[3] Die Geldsorgen blieben und verfolgten ihn bis dahin in Form von nicht bezahlten Wirtsrechnungen und Schreiben der ihm immer wieder drohenden Gläubiger. Bismarcks Vorhaben, die Ausbildung in Potsdam weiterzumachen, scheiterte, weil er schon bald merkte, dass ihn diese Art der Arbeit nicht interessierte.
Im Jahr 1838 absolvierte er seinen Militärdienst als »Einjahr-Freiwilliger« bei dem Garde-Jäger-Bataillon in Potsdam, wechselte im Herbst aber zum Jäger-Bataillon Nr. 2 im vorpommerschen Greifswald. Er besuchte die Landwirtschafts-Akademie in Eldena, einem Dorf in der Nähe der Hansestadt. In dieser Zeit war Bismarck

2 Vgl. KEUDELL 1901. S. 313 ff. Bismarcks Privatsekretär veröffentlichte seine Erinnerungen an die Bismarcks aus den Jahren 1846 bis 1872 und wollte damit erzählen, was er »damals in seinem Hause und in seinem Dienste erlebt« hatte. In dem Vorwort seiner Veröffentlichung schrieb er über eines seiner Motive. Er war bestrebt, »der minderkundigen Jugend die Eigenart des gewaltigen Mannes möglichst nahe zu bringen.«

3 Otto von Bismarck zieht das Resümee in einem Brief an Gustav Scharlach am 9. Januar 1845. In: BISMARCK 1924-1935. Bd. 14, S. 30.

auf der Insel Rügen, wo er dem Fürsten Wilhelm Malte zu Putbus seine Aufwartung machte.[4] Hierüber fehlen bis heute nähere Nachrichten, da ein Großteil des Fürstlichen Archivs im Jahr 1945 vernichtet worden ist. Trotzdem wagen wir einen Blick in den Briefnachlass der Familie Bismarck, um mehr von der Sommerreise zu erfahren.

Der 23-jährige Bismarck hat wie viele seiner Zeitgenossen einen Ausflug von der Hansestadt Greifswald aus zur Insel Rügen gemacht, um sich den Badeort Lauterbach bei Putbus und die romantischen Naturschönheiten im Süden des Eilandes anzuschauen. Darüber berichtete er seinem Vater in einem Brief aus Greifswald, den er im September verfasste. Ein Bekannter von der Insel nahm ihn für einen 24-stündigen Aufenthalt mit. Nach Lauterbach fuhren regelmäßig von Greifswald aus Dampfschiffe, die an der drei Jahre zuvor errichteten fürstlichen Landungsbrücke anlegen konnten. Dort wartete ein modern eingerichtetes Badehaus in der Waldung Goor auf Gäste und Tagestouristen.[5] Andere nutzten den Tag, um per Kutsche zur 1810 gegründeten fürstlichen Residenz Putbus zu fahren, wo sie ein englischer Landschaftsgarten mit einem imposanten Schloss und ein junger Kur- und Wohnort im Stil des Klassizismus erwartete. Hier hatte der Fürst im Oktober 1836 mit dem Königlichen Pädagogium nicht nur die erste höhere Bildungseinrichtung auf der Insel eröffnet, sondern zugleich neben dem Badetourismus ein zweites wirtschaftliches Standbein für seine Putbusser geschaffen.

Wie wir aus seinem Brief an den Vater wissen, dinierte Bismarck beim Fürsten zu Putbus, von dem er »viel Interessantes über seine Gesandtschaft« am englischen Königshof erfuhr.[6] Das Jahr 1838 war für den Putbusser Fürsten nämlich ein besonderes, denn er weilte als Gesandter des preußischen Königs im Sommer in London, wo am 28. Juni die Krönung der jungen Königin Viktoria stattfand. Lesen wir das Reisetagebuch des Fürsten, können wir nachempfinden, was er von dem London dieser Tage, dem Hofstaat und der jungen Regentin erzählt haben mag.[7] Er interessierte und begeisterte sich für das abwechslungsreiche Besuchsprogramm und hat dem jungen Preußen und seiner Begleitung davon erzählt. Sicher auch mit ein

4 Der Fürst zu Putbus ist die herausragende Persönlichkeit der Insel Rügen zu Beginn des 19. Jahrhunderts. Hervorzuheben sind dessen Leistungen wie die Gründung und der Ausbau seiner Residenz Putbus, sein Wirken für das 1816 am Rügischen Bodden gegründete Seebad Lauterbach, der Aufbau des 1836 eröffneten Königlichen Pädagogiums und seine Bemühungen um die Entwicklung der Insel Rügen. Weitere Ausführungen sind dazu zu finden bei FARIN 2012 (1).

5 Das Badehaus nahe der Waldung Goor wurde zwischen 1818 und 1819 errichtet, erfuhr im Jahr 1833 eine starke bauliche Veränderung. Weitere geschichtliche Hintergründe sind zu finden bei FARIN 2012 (2).

6 ROTHFELS 1955. S. 40.

7 Das Reisetagebuch des Fürsten Wilhelm Malte zu Putbus enthält dessen Erinnerungen über seine wichtigsten Reisen durch Europa. Es befindet sich im Besitz der Familie zu Putbus. Im Kulturhistorischen Museum der Stadt Stralsund, in dem das Original zu DDR-Zeiten aufbewahrt wurde, ist eine Kopie in digitaler Form vorhanden.

Wilhelm Malte Fürst zu Putbus (1783-1854) begrüßte Otto von Bismarck, der im Jahr 1838 zu einem Kurzbesuch im Südosten der Insel Rügen weilte. Hier zeigte ihm der Fürst seine Rübenzuckerfabrik, die am Circus im Entstehen begriffen war. Außerdem berichtete er ihm von seiner Teilnahme an der Krönung der englischen Königin Viktoria, bei der er den preußischen König vertrat. Kupferstich um 1830.

wenig Ironie, die in seinen Aufzeichnungen mitschwingt. Der Fürst fragte nach den privaten Verhältnissen seines Gastes, beispielsweise ob Bismarcks Vater noch die Kartoffelbrennerei so stark betriebe. Er berichtete nicht weniger stolz von seiner eigenen Fabrik, in der Zuckerrüben verarbeitet werden sollten. Sein Gastgeber wollte ihm die Anlage am Circus unbedingt zeigen und Bismarck vermerkte, dass sie »sehr schön und vollständig angelegt, ... aber noch nicht im Gange« sei.[8] Wenige Jahre später sollte sich herausstellen, dass dies eine Fehlinvestition des Fürsten war, der sich von zwei Stralsunder Kaufleuten hat betrügen lassen.

Otto von Bismarck fand etwas Zeit, zu einem ganz in Mode befindlichen Bade in der Goor, einer kleinen Waldung in der Nähe von Putbus. Er bewunderte besonders einen Gast des jungen Badeortes – eine »sehr hübsche Frau von Stockhaus aus Hannover, die jetzt in Berlin lebt«. Er lernte sie und ihren »fetten hellblonden Gemahl« beim Bade kennen.[9] Weitere Nachrichten zu diesem kurzen Kontakt fehlen leider.

Interessant erscheint, wie Bismarck einen Brauch der Insel in einem Brief an seinen Bruder Bernhard im Zusammenhang mit seinen Empfehlungen für den Schritt in die Ehe erwähnte. Neben einigen Ratschlägen, wo man in Europa eine gute Partie machen könne, schrieb er von der sonderbaren »Mönkguther Art« einen Ehemann zu werben. Er meinte damit die auf der Halbinsel Mönchgut übliche Sitte, dass heiratswillige Frauen mit einem guten Grundbesitz so genannte Heiratswerber zu den von ihnen auserwählten Männern schickten, um sie zur Hochzeit sozusagen einzuladen. Später hingen vor allem verwitwete Hofbesitzerinnen eine Schürze an die Haustür, damit die Interessenten wussten, auf welchem Gehöft ein starker Mann gebraucht wurde. Aber auch in diesem Fall suchte die Witwe den Menschen aus, der ihr am besten gefiel, indem sie hinter der Haustür die Kandidaten erst begutachtete, bevor sie diese in Haus lies. Bismarck empfahl seinem Bruder diese und andere Varianten einer Brautschau in sehr ironischem Unterton.[10]

Mit einem eher schlechten Erlebnis verließ er Rügen. »Auf der Rückfahrt habe ich an der Seekrankheit gelitten, was mir übrigens sehr gut bekommen ist.«[11] Alle Reiselustigen, die sich schon einmal in einer ähnlichen misslichen Lage befanden, können dies dem jungen Besucher vielleicht nachempfinden oder eben auch nicht. Bismarck nutzte die frisch eingerichtete Dampferverbindung zwischen Greifswald und Lauterbach, die nicht weniger Rügenfreunde hierher brachte als die Kutschen von der Glewitzer Fähre aus.

Für Otto von Bismarck bedeutete das Jahr 1838 einen Einschnitt in seine bisherige Karriereplanung, denn er entschied sich im Spätsommer endgültig, den Staatsdienst aufzugeben und Gutsherr zu werden. Das geschah vor dem Hintergrund der Fi-

8 Dass. S. 40.
9 Dass. S. 40.
10 Vgl. ENGELBERG 1985. S. 141 f.
11 Dass. S. 33 ff.

Lauterbach entwickelte sich mit dem Bau des fürstlichen Landungsstegs im Jahr 1835. Zu dem Zeitpunkt standen hier bereits einige Häuser und spätestens um 1840 erhielt der Ort den Namen der Fürstin Luise, die eine geborene von Lauterbach war. An der Brücke kamen die Reisenden an, die mit dem Dampfer zwischen dem Festland und Rügen verkehrten. Stahlstich von Rosmäsler 1836.

nanznot seiner Familie, der notwendigen Sanierung der Familiengüter in Pommern und an der Elbe sowie der nicht mehr vorhandenen Wirtschaftlichkeit der Besitzungen. In Gemeinschaft mit seinem stets hilfsbereiten Bruder bewirtschaftete er nun die väterlichen Güter Kniephof, Külz und Jarchlin.[12]

An seiner Entscheidung hinderte ihn auch nicht die Meinung seiner Cousine Caroline von Bismarck-Bohlen, die in einem Brief an ihn riet: »Sie haben vorzügliche Sprachkenntnisse; Geografie, Statistik sind Ihre Lieblingsfächer, folglich können Sie dereinst Ihrem Vaterland sehr nützlich werden.«[13] Sie fragte sogar, warum er klassische Studien betrieben habe, wenn er die nicht im Leben anwenden wollte. Bismarcks Antwort folgte im September 1838 und beweist seine ausgeprägten, selbst-

12 Otto und Bernhard von Bismarck verwalteten gemeinsam die väterlichen Güter in Kniephof, Jarchlin und Külz zwischen 1839 und 1841. Danach teilten sich die Brüder die Güter und Otto von Bismarck verwaltete die Güter in Kniephof und Jarchlin für fünf Jahre selbstständig. Danach verpachtete er die Güter im hinterpommerschen Kreis Naugard, zog nach Schönhausen bei Stendal und begann seine politische Karriere, für die ihn die Brüder Leopold und Ernst Ludwig von Gerlach begeisterten.

13 Seine Cousine schrieb ihren Brief im August 1838, in dem sie auf unterschiedliche Weise gegen Bismarcks Entscheidung argumentierte. Sie steigerte sich sogar in die Frage »Wozu haben Sie alle Ihre klassischen Studien getrieben, wenn Sie sie nicht im Leben anwenden sollen!« Zit. nach ENGELBERG 1985. S. 149.

Otto von Bismarck arbeite im Jahr 1836 als Regierungsreferendar im Kurort Aachen. Zwei Jahre später leistete er als Einjährig-Freiwilliger seinen Militärdienst ab. Zunächst diente er beim Garde-Jäger-Bataillon und wechselte im Herbst zum Jäger-Bataillon Nr. 2 nach Greifswald. Vor dem Wechsel stattete er dem Ort Putbus seinen ersten kurzen Besuch ab. Ausschnitt aus einem Gemälde 1836.

bewussten Charakterzüge.[14] Er meinte, dass sein »Ehrgeiz mehr danach strebt, nicht zu gehorchen als zu befehlen« und blickte damit schon ein Stück weiter, ohne vielleicht seine spätere Karriere zu kennen und zu erahnen. Ihm sagte von Hause aus »die Natur der Geschäfte und der dienstlichen Stellung unserer Staatsdiener nicht« zu und blieb daher bei seinem Entschluss. Seine in dem Brief formulierte Kritik am preußischen Beamtentum und seine Vorstellungen von der eigenen Position in dem preußischen Staat sind bezeichnend: »Die Wirksamkeit des einzelnen Beamten bei uns ist wenig selbstständig, auch die des höchsten, und bei den anderen beschränkt sie sich schon wesentlich darauf, die administrative Maschinerie in dem einmal vorgezeichneten Gleise fortzuschreiben. Der preußische Beamte gleicht dem Einzelnen im Orchester; mag er die erste Violine oder den Triangel spielen: ohne Übersicht und Einfluss auf das Ganze, muss er sein Bruchstück abspielen, wie es ihm gesetzt ist, er mag es für gut oder schlecht halten. Ich will aber Musik machen, wie ich sie für gut erkenne oder gar keine.«[15]
Das stammte aus der Feder eines 23-jährigen Mannes, der schon zu diesem Zeitpunkt für sich entschieden hatte, wie er sich seine Rolle als Privatperson oder Mann des Staates sah. Er verabschiedete sich zwar für einen Moment von öffentlichen Arbeiten und Aufgaben, nicht aber von der Idee, in Preußen mitzureden oder sogar Positionen und Richtungen zu bestimmen.

14 In Bismarcks Brief an seinen Vater vom 29.9.1838 erwähnt er die »Verteidigung seiner Ansichten«, um die ihn sein Vater gebeten hatte. Die Zitate dieses Absatzes sind aus diesen Zeilen entnommen. Vgl. ROTHFELS 1955. S. 35 ff.

15 Dass. S. 36.

Luisenplatz nannte Fürst Wilhelm Malte den rechteckigen Platz, den er in der Nähe seines Schlosses und der Allee anlegen ließ. Das Theater und der Vorgänger des Hotels »Fürstenhof« standen bereits, als die Bauarbeiten an dieser stadtplanerisch gelungenen Anlage mit den zwei abgebildeten Gebäuden begannen. Hier ließ der Fürst im Sommer und Herbst Märkte abhalten, um seiner jungen Residenz einen Hauch städtischer Gerechtigkeit zu geben. Stahlstich von Rosmäsler 1836.

Gleich in der Nähe des Schlosses entstand zehn Jahre nach der Ortsgründung ein Marstall zur Unterbringung der Pferde und Fuhrwerke des Fürsten. Dieser legte sehr viel Wert auf standesgemäße Reittiere und Kutschen, was seine Aufzeichnungen von der Krönung der englischen Königin belegen. Darin stellte er die Besonderheiten aller beteiligten Fürsten- und Königshäuser auch am Beispiel der Kutscher und ihrer Wagen dar. Stahlstich von Rosmäsler 1836.

Der Circus von Putbus war und ist einer der Anziehungspunkte des Ortes. Im Jahr 1845 ließ der Fürst eine Inschrift in den Obelisken einbringen, die an die Gründung von Putbus 1810 erinnert. Die klassizistisch anmutende Gartenanlage bot den Gästen des Ortes, die auch in Wohnhäusern des Platzes untergebracht waren, genügend Raum zum Flanieren und Entspannen. Stahlstich um 1850.

Das Hotel »Fürstenhof« am Markt errichtete man genau gegenüber dem Schauspielhaus. Es gehörte zu Beginn der Ortsgeschichte dem Grafen Hahn, der es als Unterkunft für Badegäste hat bauen lassen. Man sagt, dass er die Immobilie im Kartenspiel gegen den Fürsten verloren habe, aber wohl erst nach dem dritten Mal. Stich von Rosmäsler 1836.

Sommerreise im Jahr 1854

Ein gedanklicher Zeitsprung von 13 Jahren wird jetzt gemacht. Otto von Bismarck erhielt im August 1851 – ganz ohne diplomatische Ausbildung – vom preußischen König Friedrich Wilhelm IV. die Ernennung zum Gesandten Preußens beim Bundestag in Frankfurt. In dieser Zeit entwickelte sich seine ablehnende Haltung gegenüber dem Kaisertum Österreich, das den ständigen Vorsitz dieser Institution führte und das Königreich Preußen lediglich als »Juniorpartner« anerkennen wollte. Weil es Bismarck wie der preußischen Regierung wenigstens um die Anerkennung von Preußen als eine gleichberechtigte europäische Macht ging, betrieb er eine ständige Auseinandersetzung mit dem österreichischen Gesandten und versuchte, die Kompetenzen des politischen Gegners im Bundestag zu beschränken.[16]

Drei Jahre später befand sich Preußen in einer schwierigen politischen Situation, die unter anderem auf der Insel Rügen diskutiert und verhandelt wurde. Seit Juli 1853 herrschte der Krimkrieg und mit dessen Verlauf stand die Frage, ob und wie sich deutsche Truppen daran beteiligen sollten. In dem Krieg ging es hauptsächlich um die Aufteilung von Gebieten, welche die Osmanen besetzt hatten. Es brodelte schon lange in der Region, da sich Russland nicht mit dem damaligen Zustand zufrieden geben wollte. Zu dem Zeitpunkt stand der Zerfall des Sultanats kurz bevor und verschiedene Länder wollten dies für die eigenen Interessen ausnutzen. Russland beispielsweise annektierte in dem Jahr osteuropäische Länder, die Vasallenstaaten des Osmanischen Reiches waren. Dazu gehörten die Fürstentümer Moldau und Walachei, auf die aber auch Österreich Anspruch erhob und diese Gebiete zwei Monate später besetzte. England und Frankreich unterstützten die Türken, die wiederum Russland den Krieg erklärten. Österreich suchte für sich nach Möglichkeiten, Preußen einzubinden und wollte im Sommer 1854 so schnell als möglich mit dessen König Rücksprache halten.[17] Friedrich Wilhelm IV. kurte seit dem 21. August in Putbus und »erfreute sich des besten Wohlseins«, wie die Stralsundische Zeitung berichtete.[18] Er wollte mit den kriegerischen Auseinandersetzungen eigentlich nichts zu tun haben. Vielmehr benutzte er wie in den Jah-

16 Bismarck schrieb am 24. Juni an seinen Bruder etwas unzufrieden von seiner Position als Zuschauer, »da die wichtigeren Sachen fertig aus Berlin kommen, die übrigen meist mündlich und gelegentlich abgeredet werden, was doch nur einer besorgen kann. Vgl. ROTHFELS 1995. S. 151. In diesem Brief wird auch deutlich, dass die österreichische Seite Bismarcks Ernennung nicht befürworteten und seiner Meinung nach sogar hintertrieb.

17 Otto von Bismarck schreibt in seinen Gedanken und Erinnerungen über das politische Geschehen und seine persönliche Rolle während des Krimkrieges. Vgl. BISMARCK 1942. S. 45-54.

18 In der Ausgabe der Stralsundischen Zeitung vom 1. September 1854 werden die Nachrichten vom Ausflug des Königs nach Neukamp am 27. August und von dem »Gebrauch der kalten Seebäder« am 28. August berichtet. Entgegen der positiven Meldung der Zeitung berichtete Marcus Niebuhr am 24. August besorgt vom Gesundheitszustand des Königs. Drei Tage später verschaffte sich Otto von Manteuffel einen persönlichen Eindruck davon. Vgl. POSCHINGER 1870. S. 480-481.

Zwischen 1827 und 1832 verschönte der Putbusser Fürst sein Schloss im klassizistischen Stil. Dazu beauftragte er den Berliner Architekten Johann Gottfried Steinmeyer, der ausgestattet mit den notwendigen Schinkelschen und eigenen Ideen ans Werk ging. Der Fürst hat sich kritisch in die Bauphasen auch dieses Gebäudes eingemischt, wie es ihm für zahlreiche andere stattliche Häuser seiner Residenz bescheinigt wird. Stich um 1836.

Die Lindenallee mit dem Speisesaal passte sich in das Konzept für das Seebad Putbus-Lauterbach ein, denn hier konnten die Gäste die Natur genießen, in aller Ruhe speisen und entspannen. In der Nähe des Saales waren das Tiergehege oder der Musikpavillon, die sich in das Kurkonzept der Badedirektion einpassten. Typisch für diese Zeit war der freie Zutritt der Bewohner und Besucher, die sich lediglich an die Regeln der fürstlichen Kanzlei halten mussten. Stich um 1830.

ren zuvor die Seebäder in dem Badehaus Goor und entspannte sich von der Berliner Tagespolitik. Ausflüge auf der Insel gehörten zum Tagesprogramm der mehrwöchigen Aufenthalte. Unter anderem besichtigte er auf einer Spazierfahrt den Platz bei Neukamp, an dem das Denkmal für den Großen Kurfürsten errichtet wurde. Dieser siegte bei einer Seeschlacht im September 1678 vor Rügen und daran sollte das riesige Standbild auf einer großen steinernen Säule erinnern. Rügen gefiel dem König übrigens so sehr, dass er insgesamt 22mal hier weilte und bis 1858 jährlich dem »irdischen Paradies« einen längeren Besuch abstattete.[19]

An dem »Hoflager« des Königs Friedrich Wilhelm IV. nahmen Ende August 1854 der Ministerpräsident Otto von Manteuffel, Generaladjutant Leopold von Gerlach, der frühere Minister Albrecht von Alvensleben-Erxleben, Flügeladjutant Oberst Edwin von Manteuffel und Otto von Bismarck teil.

Trotzdem blieben politische Überlegungen und Verhandlungen nicht ganz aus. Aus der Zeit in Putbus existieren Privatbriefe zwischen Gerlach und O. Manteuffel, in dem beispielsweise Ersterer am 25. August das Vorgehen Österreichs gegenüber Russland kritisierte: »Das Betragen Österreichs in dieser so wichtigen Angelegenheit ist doch unerhört... Mir kommt es vor, als wenn es unserer Würde entgegen wäre, sich ein solches Vorgehen Österreichs ruhig gefallen zu lassen.«[20] Er bezog sich damit auf die Kraftspiele, die sich das Land gegenüber Russland erlaubte – und das als Partner Preußens und in einem gedanklichen Bündnis mit den Westmächten England und Frankreich.

Die Brisanz dieses Verhaltens nötigte den König zu einer dringlichen Beratung in dem Seebad. Es hört sich kurios an, wenn man erfährt, dass Otto von Bismarck für diesen Termin eigentlich gar keine Zeit hatte. Später meinte er zwar, es habe sich um eine »ernstere, in den Verlauf der Dinge eingreifende Frage der Reaktion« gehandelt, aber seine Familie sollte trotzdem den Vorrang haben. Von Frankfurt aus hatte er sich am 29. August auf den Weg zu seiner kranken Frau in Reinfeld gemacht.

Ein höherer Postbeamter fahndete förmlich nach ihm, um die Einladung des Königs zu überreichen. Erstaunlicherweise dachte der Gesuchte: »Ich hätte mich gern gedrückt, der Postbeamte aber begriff nicht, wie ein Mann von altem preußischen Schlage sich einer solchen Aufforderung entziehen wolle.«[21] Schon in einem Brief an seine Schwester Malwine aus dem Juni 1854 erfahren wir, dass er sich ferienreif fühlte: »Ich habe rechtes Heimweh nach Land, Wald und Faulheit mit der obligaten Zugabe liebender Gattinnen und artiger, reinlicher Kinder.«[22] Nur wollte er mit niemandem über seine Sehnsucht nach Zuhause sprechen, da es einem Attentat in

19 In einem Brief an den Fürsten Wilhelm Malte zu Putbus bezeichnete der preußische König dessen Residenz als »irdisches Paradies« und lobte ihn für die in kurzer Zeit entstandene klassizistische Ortsanlage. Vgl. SPREER 1886. S. 62.

20 BAUMGART 1990. S. 141.

21 BISMARCK 1898. S. 139-140.

22 ROTHFELS 1955. S 191.

Preußens König Friedrich Wilhelm IV., hier mit seiner Frau Elisabeth, weilte in den 1850er Jahren regelmäßig für mehrere Wochen auf Rügen. Hier erholte er sich vom politischen Alltag in der Hauptstadt, der ihn im Sommer 1854 einholte. Zusammen mit Otto von Bismarck, der damals noch preußischer Gesandter am Frankfurter Bundestag war, besprach er die Entwicklung der Krimkrise. Reproduktion einer Zeichnung von A. Hopfgarten um 1845.

Otto von Bismarck ließ sich im März 1860 als stolzer Politiker fotografieren. Ein Jahr zuvor war er zum Gesandten in St. Petersburg berufen. Im Sommer dieses Jahres erlitt er eine schwere Erkrankung, von der seine Frau Johanna in ihrem Brief an Robert von Keudell besorgt geschrieben hatte. Bis zu seiner Gesandtschaft in Paris vergingen noch einmal zwei Jahre. Fotografie 1860.

dieser brisanten Situation gleich käme, wenn er sich so einfach aus den politischen Schwierigkeiten dieser Monate zurückgezogen hätte. Er fühlte sich, so schrieb er im Mai bereits an seinen Bruder Bernhard, als »Flickschneider«, der immer dann sein Handwerk ausüben muss, wenn »der Rock unbequem zugeschnitten ist«.[23] Die aktuelle politische Lage schien aus seiner Sicht alles andere als passend zu sein.
Er entschied sich, seinem Dienstherrn zu gehorchen: »Ich ging nach Rügen, nicht ohne Sorge vor neuen Zumutungen, Minister zu werden und dadurch in unhaltbare Beziehungen zu Königen zu geraten.«[24] In Putbus am 30. August gelandet, informierten ihn die Vertrauten des Königs über die Meinungsverschiedenheiten in der gegenwärtigen Lage: Die Russen hatten sich auf Druck Österreichs aus den besetzten Donaufürstentümern zurückgezogen, wodurch eine neue Situation entstanden war. Die Neutralität Preußens stand zur Debatte und niemand der anwesenden Herren wusste sofort eine Lösung auf die Bitte aus Österreich, das Land mit einer

Im Friedrich Wilhelmsbad in der Goor trafen sich im 19. Jahrhundert die hohen Herrschaften, die im Gefolge von Fürsten, Prinzen und Königen nach Rügen kamen. Oft weilten sie als Gast des Fürsten im Ort und nutzten die verschiedenen Bademöglichkeiten, die man für sie bereithielt: Badekarren für die Damen, Badezelte für Herren in angemessener Entfernung sowie kalte und warme Bäder im Badehaus selbst. Stahlstich von Rosmäsler 1836.

23 Dass. S. 190.
24 BISMARCK 1898. S 140.

preußischen Beteiligung zu unterstützen. Gerd Fesser beschreibt die Lage in seinem Beitrag »Krimkrieg. Europas erstes Verdun« sehr treffend: Damals hielten sich im Land »der Einfluss der stockkonservativen prorussischen ›Kreuzzeitungspartei‹ und der der liberalkonservativen prowestlichen ›Wochenblattpartei‹ die Waage. König Friedrich Wilhelm IV. schwankte zwischen beiden Gruppierungen hin und her.«[25] Der russische Zar zeigte sich deshalb enttäuscht und bewertete das Verhalten des obersten Preußen bissig: »Mein lieber Schwager geht jeden Abend als Russe zu Bett und steht jeden Morgen als Engländer wieder auf.«[26] Es verwundert daher nicht zu sehr, dass sich die Putbusser Konferenz nicht sofort auf eine gemeinsame Aussage auch im Interesse des eigenen Landes einigen konnte. Preußens Neutralität blieb aber oberstes Prinzip, da sich der preußische König für seine Amtszeit vorgenommen hatte, friedlich zu bleiben: »Ich will Frieden halten in meiner Zeit.«[27] Die Preußen wollten sich an das im April vereinbarte preußisch-österreichische Schutz- und Trutzbündnis halten, in dem festgehalten war, dass der Eintritt der einen Macht in einen Krieg der Zustimmung der anderen Macht bedurfte. Bereits im Mai brachte Bismarck eine Überlegung ins Spiel, die während der Debatte in Putbus mitschwang: »Dass wir uns mit dem ersten Schuss gegen Russland zum Prügeljungen der Westmächte machen, und uns von ihnen müssen den Frieden vorschreiben lassen, nachdem wir die Hauptlast des Krieges getragen haben, ist so klar wie ein Rechenexempel.«[28]

In der morgendlichen Verhandlung im Badehaus Goor blieb Bismarck bei seiner Position, die Österreicher nicht in ihren Bemühungen gegen Russland zu unterstützen. Wir lesen in Otto von Manteuffels Aufzeichnungen über die Situation: »Der Gesandte von Bismarck führte an, dass die deutschen Staaten zu allem beistimmen würden, was Österreich in seinem Vorschreiten gegen Russland hemme, dass sie aber die Gefahr fürchteten, immer weiter in die österreichische Politik selbst gezogen zu werden; nähme Preußen hingegen eine bestimmte Stellung ein, so würden die deutschen Staaten sich ihm anschließen und würden selbst für Truppenaufstellungen stimmen«, mit denen man die Aufrechterhaltung der deutschen Neutralität symbolisieren würde.[29] Dagegen regte sich der Unmut der anderen Beteiligten. Neutrales Verhalten ja, aber nicht mit der vorgeschlagenen Drohgebärde, die auch die westlichen Kräfte verstimmen könnte.

25 FESSER 2003. S 2.

26 Zit. nach WILLMS 1997. S 100.

27 Friedrich Wilhelm IV. verkündete den Satz in seiner »Anrede an das Volk bei der Huldigung in Berlin« im 1840 und versprach den Zuhörern, dass er alles in seiner Macht Stehende tun werde, »das edle Streben der hohen Mächte /zu/ unterstützen, die seit einem Vierteljahrhundert die Wächter über den Frieden Europas sind.« Vgl. EICHLER 1840. Urkunde Nr. 6. Blatt 10.

28 Otto von Bismarcks Brief an seinen Bruder Bernhard vom 10. Mai 1854. In: BISMARCK 1900. S. 174

29 BAUMGART 1990. S. 129.

Otto von Bismarck auf einer Fotografie, die ein Jahr nach seinem zweiten Besuch auf der Insel aufgenommen wurde. Im Sommer 1854 weilte er in Putbus, um mit dem preußischen König und einigen führenden Berliner Politikern im Badehaus Goor über die Position des Landes im Krimkrieg zu beraten. Fotografie 1855.

Der König wollte sich nicht in eine feindliche Auseinandersetzung ziehen lassen. Daher hielt er es als das beste und wirksamste Mittel, »in Gemeinschaft mit Deutschland eine Stellung einzunehmen, welche Österreich die Überzeugung gebe, dass ein weiteres einseitiges Vorgehen gegen Russland es von Deutschland isoliere und es jeder preußisch-deutscher Unterstützung beraube.«[30]

Die Konferenz um den preußischen König beschloss nach einer stundenlangen Debatte, ein Rundschreiben an die deutschen Höfe zu versenden. Darin wollte man die Ausdehnung des Aprilbündnisses ablehnen. Zugleich hoffte man darauf, dass Österreich seine Aggressivität ablegen und man selbst in keine neuen Verwicklungen geraten würde. Über den genauen Inhalt der Vormittagsberatung finden wir Anhaltspunkte in den persönlichen Aufzeichnungen von E. Manteuffel vom 31. August 1854, die dem König an demselben Tag vorgelesen und von ihm als »richtig befunden« wurden.[31]

Bismarck wurde beauftragt, eine entsprechende Depesche zu formulieren, die diplomatisch genug und zugleich als Absage formuliert sein sollte. Wie wir aus seinen »Gedanken und Erinnerungen« erfahren, schrieb der Preuße seinen Unmut von der Seele und sein Text war weniger diplomatisch als die von Otto von Manteuffel vorgeschlagene Nachricht. Schließlich musste Bismarcks Entwurf telegrafisch angehalten und geändert werden, um weiteren Ärger zu vermeiden.[32]

Otto von Bismarck plagte aber viel mehr, glauben wir seinen Erinnerungen, der Gesundheitszustand seiner Frau. Jeden Moment wollte er eigentlich aus Putbus abreisen, doch der König verwehrte ihm die Abreisemöglichkeit, da er »auf das Gefolge übertragen wurde.« Das war natürlich ein hoher Gunstbeweis, beruhigte aber den besorgten Ehemann nicht sehr. Zu den persönlichen Sorgen gesellten sich damals Anfeindungen, wie beispielsweise von Leopold von Gerlach, der zu Bismarck meinte: »Bilden Sie sich nur nicht ein, dass Sie politisch geschickter gewesen sind als wir. Sie sind augenblicklich in der Gunst und der König schenkt Ihnen die Depesche, wie er einer Dame ein Bouquet schenken würde.«[33] Das schien dem Angegriffenen egal, denn nach wie vor drängte er auf seine schnelle Abreise. Dadurch machte er sich keine Freunde und fiel in Ungnade des Königs, der zu Gerlach äußerte, dass Bismarck »seine Häuslichkeit doch mehr wert als das ganze Reich« wäre. Wie tief die königliche Verstimmung saß, können wir heute nur erahnen, wenn wir beispielsweise erfahren, dass Bismarck im Herbst 1854 nicht zur Hofjagd eingeladen worden war. Das bedauerte er als begeisterter Jäger natürlich sehr und äußerte dies im Oktober dieses Jahres gegenüber Leopold von Gerlach.

30 Dass. S. 129.
31 Zit. nach BAUMGART S. 127.
32 Vgl. KOHL 1898. S. 140-141. Die Putbusser Depesche vom 3. September 1854 wurde veröffentlicht in JASMUND 1855. S. 353-356.
33 MARCKS 1910. S. 16.

Für Bismarcks Drängen gab es scheinbar noch einen anderen Grund. Aus einem Brief seiner Frau Johanna an den Privatsekretär von Keudell wissen wir, dass ihr Ehemann schon lange urlaubsreif war: »Bismarck kann mich leider nicht begleiten, aber ich hoffe, er folgt mir im Juli, wo er Ferien zu erpressen hofft, die ich ihm von Herzen gönne, weil er augenblicklich so europa- und bundesmüde ist, dass seine Klagen einen Stein erbarmen könnten ...«[34] In den wenigen Stunden seines Aufenthaltes auf Rügen kam er sicher nicht zur gewünschten Erholung; genauso wenig wie in Reinfeld bei seiner Ehefrau, die ihn sehnsüchtig erwartete. Hier konnte er nicht lange bleiben, wie sie einer Bekannten mitteilte: »Ich denke, mein Bismärckchen wird jetzt wieder in Frankfurt sein ... und ich ärgere mich recht, dass er nicht länger bei uns bleiben konnte. Es war so wunderlieb und schön wie er hier war, und wir alle fühlten uns so glücklich und froh in dem herrlichen Beisammensein.«[35]

Am Ende des Besuches in Putbus stand fest, dass sich die Preußen nicht an den Kriegshandlungen beteiligen würden und somit für die Österreicher keine Chance bestand, aktiv in die Auseinandersetzungen einzugreifen. Das stieß auf mehr oder weniger Proteste auch in den Reihen der preußischen Staatsdiener wie ein Brief des Kabinettrates Marcus von Niebuhr vom 22. August 1854 aus Putbus belegt. Er verwies – an Bismarck gerichtet – auf die Bedeutung von »Wahrheit und Klarheit, und deren Mangel« in der täglichen Politik nach außen und »gegen uns selbst.«[36] Das Land habe nur Angst, aus dem »Concert européen« verdrängt zu werden und seine Stellung als Großmacht zu verlieren. Doch diese Stellung, und da hört man den Kämpfer heraus, verdanke Preußen nur seinem »guten Schwerte« und nicht der Gefälligkeit von London, Paris und Wien. Daher konnte er kein Verständnis für Preußens Doppelrolle als neutrale Macht und Friedensmittler und zugleich mit »Propositionen wie die der letzten der Seemächte« verstehen. Bismarcks Reaktion darauf kennen wir nicht. Sein politisches Vorgehen in den Zeiten des Krimkrieges beweist sein uneingeschränktes Wirken für Preußen, das zu keiner Zeit in ein falsches, gefährliches Fahrwasser gezogen werden sollte. Am 1. September 1854 fuhr Bismarck nach zwei politisch gestimmten Tagen aus Putbus ab.

Biograph Lothar Gall fand für dieses spannende Kapitel in Bismarcks Leben eine

34 KEUDELL 1901. S. 45-46.

35 Johanna von Bismarck schrieb am 22. September 1854 diese Zeilen an Lina von Eisendecher, die Frau des Bundesgesandten für Oldenburg, Anhalt und Schwarzburg. In den davor datierten Briefen äußerte sie bereits ihre Ungeduld über die verspätete Ankunft ihres Ehemanns. Vgl. HEYCK 1915. S. 49.

36 Niebuhr in einem Brief an Bismarck vom 22. August 1854, der zu dem Zeitpunkt bereits auf der Insel Rügen weilte. Vgl. BISMARCK 1901. S 209. Darin erwähnt Niebuhr politische Gespräche zwischen dem König, Leopold von Gerlach und ihm persönlich. Auf Gerlachs Drängen verfasste Niebuhr das mehrseitige Schreiben, das weitere Mitteilungen zu möglichen Veränderungen des Vertrages mit Österreich oder Berliner Personaldebatten enthält. Diese datieren auf den 23. August 1854 und zeugen davon, dass alle Gespräche nur Vorverhandlungen für weitere Schritte sein sollten.

passende Zusammenfassung: »So waren die Frankfurter Jahre letztlich Lehrjahre, die Vorbereitung auf das Folgende, eine Zeit auch wachsender Ungeduld und Unruhe, so sehr sie im privaten Bereich, im Kreise seiner rasch wachsenden Familie und im Zusammenleben mit seiner Frau, zu der das Verhältnis immer enger und lebensbestimmender wurde.«[37]

Herbstaufenthalt im Jahr 1866

Weitere zwölf Jahre liegen zwischen dem zweiten und dritten Besuch Bismarcks auf Rügen. Inzwischen ist er zum Ministerpräsidenten Preußens aufgestiegen und setzte sich für die politische Stärke seines Landes ein. Dazu war ihm ein Krieg gegen Österreich recht, um die Vormachtansprüche gegenüber allen anderen deutschsprachigen Kleinstaaten zu präsentieren. Das Jahr 1866 wurde ein anstrengendes Jahr, das bei dem Politiker physische und psychische Spuren hinterließ. Seit seiner Ernennung zum Ministerpräsidenten im September 1862 beobachtete seine Frau Johanna mit Sorge das Arbeitspensum, das ihr Mann zu bewältigen hatte. »Man sieht ihn /Otto/ nie und nie – morgens beim Frühstück fünf Minister während des Zeitungsüberfliegens – also ganz stumme Scene. Darauf verschwindet er in seinem Kabinett, nachher zum König, Ministerrat, Kammerscheusal – bis gegen fünf Uhr, wo er gewöhnlich bei irgendeinem Diplomaten speist, bis acht Uhr, wo er nur en passant guten Abend sagt, sich wieder in seine grässlichen Schreibereien vertieft, bis er um halb zehn zu irgendeiner Soiree gerufen wird, nach welcher er wieder arbeitet bis gegen ein Uhr und dann natürlich schlecht schläft. Und so geht's Tag für Tag – soll man dabei nicht elend werden vor Angst und Sorge um seine armen Nerven?«[38]

Eine Erholungsreise an die Ostsee im Oktober 1866, wie sie Otto von Bismarck mit seiner Frau plante, sollte eigentlich nicht lange dauern. Auf Rügen wollte man kurz ausspannen, um sich dann wieder den Tagesgeschäften in der Hauptstadt zu widmen. Mit der Idee einer Reichseinigung lag sehr viel Arbeit vor der politischen Größe aus Berlin, die das ehrgeizige Ziel mit aller Macht durchsetzen wollte. Da zählte jeder Tag in den spannenden Jahren vor der Gründung des Deutschen Reiches im Januar 1871. Im Verlauf der ersten Tage aber erkrankte Bismarck in Putbus so sehr, dass an eine baldige Rückreise nach Berlin nicht zu denken war. Sein Gesundheitszustand erlaubte keine langen Fahrten oder Spaziergänge, mehrere Tage war er ans Bett gefesselt und musste sich auf eine Art Schonkost einlassen. Doch Bismarck wäre nicht Bismarck, wenn er nicht auch hier an sein Vorhaben dachte. Schon bald verschaffte er sich durch das Studium der Tageszeitungen einen Einblick in die politische Lage und ließ seine Frau Briefe mit Arbeitsaufträgen nach Berlin schreiben. Schließlich griff er seine Entwürfe zur Verfassung des Norddeutschen Bundes, dem Vorläufer

37 GALL 1980. S. 55-56.
38 KEUDELL 1901. S. 117. Johanna von Bismarcks Brief vom 23. Januar 1863.

des Deutschen Reiches, auf, die er hier teilweise korrigierte oder erweiterte. Seine Ehefrau fungierte dabei als Sekretärin, die den steten schriftlichen Kontakt zu dem Privatsekretär Robert von Keudell hielt. Aus zwei Wochen Rügenreise wurden immerhin fast acht Wochen, in denen Bismarck in Putbus Erholung suchte, arbeitete und schließlich wieder so gesundete, das er sich politisch fit fühlte, die nächsten Schritte zu wagen.

In den nachfolgenden Kapiteln werden der Verlauf des Aufenthaltes auf Rügen, die Ergebnisse seiner politischen Diktate und die hilfreichen Umstände seiner Genesung betrachtet. Zugleich soll hinterfragt werden, ob diese Putbusser Tage für die politische Entwicklung des Landes die Bedeutung hatten, wie sie in den letzten Jahrzehnten vermittelt wurden.

Berühmte Gäste des Ortes und der fürstlichen Familie zu Putbus (1838 bis 1866)

Die Liste berühmter Männer und Frauen, die den Ort und die fürstliche Familie von Putbus besuchten, ist sehr umfangreich.[39] Sie zeigt, welche Bedeutung die junge Residenz hatte, in der 1816 das erste Seebad der Insel Rügen in Lauterbach gegründet worden war. Otto von Bismarck reiht sich ein in die Prominentenliste damaliger Tage und erlebte ein wenig von dem Glanz dieser Zeit.

1838	Graf Otto von Bismarck
1843	König Friedrich Wilhelm IV. von Preußen, König Christian VIII. von Dänemark, Alexander von Humboldt, Graf Ernst von Wrangel
1844	Friedrich August Stüler
1846	König Friedrich Wilhelm IV. von Preußen, Prinz Karl von Preußen, Königin Josephine von Schweden, Kronprinz Oscar von Schweden, König Friedrich August II. von Sachsen, Prinz Heinrich der Niederlande, Prinz Georg von Mecklenburg, Friedrich Preller d. Ä., Alexander von Humboldt
1849	Großfürstin Helene von Russland, Prinz Karl von Württemberg (später König Karl I. von Württemberg), Herzog Adolph von Nassau und Gemahlin
1850	Herzog Alexander Carl von Anhalt-Bernburg, Prinz Friedrich Emil August von Schleswig-Holstein
1851	König Friedrich Wilhelm IV., Karl von Preußen, Albrecht von Preußen, Adolph Menzel
1852	König Friedrich Wilhelm IV., Alexander von Humboldt

39 Vgl. FARIN 2012 (1) S. 46 und 115.

1853 König Friedrich Wilhelm IV.

1854 König Friedrich Wilhelm IV., Wilhelm von Hessen, Graf Otto von Bismarck

1855 Clara von Schumann

1858 Ernst Boll

1859 Kronprinz Friedrich Wilhelm von Preußen (später Kaiser Friedrich III.)
mit Gemahlin Viktoria, Johann Friedrich Drake

1860 Kronprinz Friedrich Wilhelm von Preußen (später Kaiser Friedrich III.)
mit Gemahlin Viktoria

1863 Kronprinz Friedrich Wilhelm von Preußen mit Gemahlin
sowie mit ihren Kindern Prinz Wilhelm (später Kaiser Wilhelm II.),
Prinzessin Charlotte und Prinz Heinrich,
König Wilhelm von Preußen (später Kaiser Wilhelm I.)
Karl Friedrich Lucian Samwer, Mitglied des Gothaer Staatsministeriums,
Geheimrat Max Dunker (Rat des Kronprinzen)

1864 Kronprinz Friedrich Wilhelm von Preußen und Gemahlin

1865 König Wilhelm von Preußen und Sohn Kronprinz Friedrich Wilhelm von Preußen
Prinzen Karl, Albrecht und Friedrich Karl von Preußen
Graf Ernst von Wrangel

1866 Graf Otto und Johanna von Bismarck

2. 1866 – ein Jahr voller Turbulenzen und Ängste

»Erschrick nicht, mein Herz, es hat jemand auf mich geschossen, ich bin aber durch Gottes Gnade unverletzt geblieben.«

Nach den politischen und kriegerischen Höhepunkten des Jahres 1864 war das Jahr 1866 nicht weniger bestimmt von Bismarcks Kampf um die Vormachtstellung Preußens im Deutschen Bund, seiner wachsenden Abneigung gegen Österreich und der Idee eines neuen Staatenbündnisses unter preußischer Regie. Der Streit um die Verwaltung von Schleswig und Holstein hat sich nach dem deutsch-dänischen Krieg zum Vorwand für die kriegerische Auseinandersetzung zwischen Preußen und dem von Österreich geführten Deutschen Bund entwickelt und bewegte zu dieser Zeit ganz Europa. Da sollte das Schicksal des Grafen am 7. Mai 1866 von einem Attentat auf ihn bestimmt werden. Der Tübinger Student Ferdinand Cohen-Blind wollte den seiner Meinung nach Hauptschuldigen für einen drohenden Krieg in Deutschland töten, um weiteren Schaden vom Land abzuhalten. Der überraschte Bismarck reagierte ganz geistesgegenwärtig, wovon er am gleichen Abend berichtete.
Als Graf von Bismarck seine Frau mit den Worten begrüßte: »Erschrick nicht, mein Herz, es hat jemand auf mich geschossen, ich bin aber durch Gottes Gnade unverletzt geblieben«, wird Johanna von Bismarck mehr als beunruhigt gewesen sein.[40] Mit einem Attentat hatte sie nicht gerechnet, als sie bemerkte, dass sich ihr Ehemann an dem Tag verspätete. Zu dieser Zeit hatten sie sich darauf verständigt, nicht von Politik zu reden, auch wenn Frau von Bismarck über die Bestrebungen und Ideen des Grafen vertraut war. Er machte es sich zur Aufgabe, sie nicht mit »täglichen, oft unerfreulichen Zwischenfällen« zu belasten. Der Vorfall dieses Tages aber verbreitete mehr als Sorge, die Bismarck mit seinen abendlichen Erläuterungen in kleinerem Kreise nicht zerstreuen konnte. Sein Privatsekretär Robert von Keudell erinnerte sich an dessen Darstellung des Attentats:

> »Ich ging unter den Linden auf dem Fußweg zwischen den Bäumen vom Palais nach Hause. Als ich in die Nähe der russischen Gesandtschaft gekommen war, hörte ich dicht hinter mir zwei Pistolenschüsse. Ohne zu denken, dass mich das anginge, drehte ich mich unwillkürlich rasch um und sah etwa zwei Schritte vor mir einen kleinen Menschen, der mit einem Revolver auf mich zielte. Ich griff nach seiner rechten Hand, während der dritte Schuss losging und packte ihn zugleich am Kragen. Er fasste aber schnell den Revolver mit der linken, drückte ihn gegen meinen Überzieher und schoss noch zweimal. Ein unbekannter Zivilist

40 KEUDELL 1901. S. 261.

> half mir ihn festhalten. Es eilten auch sogleich Schutzleute herbei, die ihn abführten, zusammen mit einer Patrouille vom zweiten Garderegiment, die zufällig des Weges kam.
> Als Jäger sagte ich mir: die letzten beiden Kugeln müssen gesessen haben, ich bin ein toter Mann. Eine Rippe tat zwar etwas weh, ich konnte aber zu meiner Verwunderung bequem nach Hause gehen. Hier untersuchte ich die Sache. Ich fand Löcher im Überzieher, im Rock, Weste und Hemde; an der seidenen Unterjacke aber waren die Kugeln abgeglitten, ohne die Haut zu verletzen. Die Rippe schmerzte etwas wie von einem Stoß, das ging aber bald über. Es kommt bei Rotwild vor, dass eine Rippe elastisch federt, wenn die Kugel aufschlägt. Man kann nachher erkennen, wo sie abgeglitten ist, weil da einige Haare fehlen. So mag auch meine Rippe gefedert haben. Oder vielleicht ist die Kraft der Schüsse nicht voll entwickelt worden, weil die Mündung des Revolvers unmittelbar auf meinen Rock drückte.«[41]

Bismarck erntete an dem Abend große Anerkennung, obwohl er den Vorfall in seiner eigenen Art als gleichgültiges, vielleicht sogar alltägliches Vorkommnis abtat. Welche Auswirkungen das Attentat auf seine seelische Verfassung nahm, kann heute nicht beurteilt werden. Mit Sicherheit ging der Tag nicht spurlos an dem scheinbar sorglosen Politiker vorbei, denn er war durchaus ein sensibler Mann, der sich zeitlebens sehr viel zu Herzen nahm.
Das politische Leben kannte schon damals keinen Stillstand. Daher ermächtigte der angeschlagene Bismarck seinen Mitarbeiter Karl Friedrich von Savigny, in der Bundesversammlung einige Grundzüge der künftigen Bundesverfassung mitzuteilen. Letzterer war der Beauftragte für Verhandlungen zur Gründung des Norddeutschen Bundes und späterhin der Vorsitzende der Regierungskonferenz, welche die Verfassung des neuen Bündnisses erarbeitete. Die Versammlung beschloss trotz des Widerspruches Österreichs und Darmstadts neue Instruktionen einzuholen. Die Entscheidung wirkte sich zugleich wirtschaftlich aus, denn an der Pariser Börse gab es Panik und starke Verluste einflussreicher Leute. Zugleich standen Neuwahlen zum Abgeordnetenhaus bevor und da gehörte es sich, dass man politische Auseinandersetzungen in allen Kategorien pflegte.
Auch das Klima zwischen Berlin und Wien war trotz geheimer Verhandlungen nicht das Beste und es zeichnete sich immer mehr eine kriegerische Auseinandersetzung ab. Als wichtige Ursache für den Krieg sehen Historiker die Entscheidung des Grafen Alexander Mensdorff-Pouilly am 1. Juni 1866 an, der die Verwaltungsfrage von Schleswig und Holstein in die Hand des Bundes legte. Damit war ein Grund gefun-

41 Dass. S. 261-262.

den, der über das eigentliche Ziel der Preußen – die Vormachtstellung im Deutschen Bund weiter zu vertiefen – hinwegtäuschen sollte. Schon zu diesem Zeitpunkt sendete Bismarck einen Entwurf einer künftigen Bundesverfassung an alle deutschen Regierungen und schürte die kriegerische Stimmung. Viel Diskussionsstoff gab er mit dem geplanten Ausschluss Österreichs, mit einer Teilung des Oberbefehls über das Bundesherr zwischen Preußen und Bayern sowie einem Parlament, das aus Volkswahlen nach allgemeinem Stimmrecht hervorging. Gegenwind kam aus Sachsen, Bayern und Württemberg, die »aus leidenschaftlichem Hass« gegen die preußische Vormachtstellung stimmten.

Aus dem Juni dieses Jahres stammt eine zeitgenössische Darstellung Bismarcks, die ein französischer Journalist bei seinem Besuch in Berlin verfasste: »Als ich jenes Kabinett betrat, in dem Europas Frieden wie an einem Faden hing, dessen Tür aber durch einen Riegel verschlossen war, erblickte ich einen Mann von hoher Gestalt und lebhaft bewegtem Gesicht; auf seiner hohen, breiten und glatten Stirn entdeckte ich nicht ohne Erstaunen sehr viel Wohlwollen mit Beharrlichkeit gepaart. Herr von Bismarck ist blond, sein Haar auf dem Scheitel nur spärlich; er trägt einen militärischen Schnurbart, und in seiner Rede ist mehr soldatische Kürze als diplomatische Vorsicht. Dabei ist er aber auch ganz der große Herr und Hofmann, der mit allen Reizen der ausgesuchten Höflichkeit gewappnet ist. Er kam mir entgegen, reichte mir die Hand, führte mich zu einem Sitz und bot mir eine Zigarre an.«[42]

Die Beschreibung in dem Pariser Journal »le Siècle« vom 10. Juni 1866 liest sich sehr passabel und dem Interviewten äußerst schmeichelhaft, da der Franzose zunächst mit Vorurteilen ausgestattet in Berlin angereist war. Die Ausführungen werden im Folgenden angereichert durch ein Gespräch, dass der Journalist mit dem preußischen Politiker führte.

Nach dem Krieg zwischen Österreich und Preußen löste sich der Deutsche Bund auf und an dessen Stelle wurde am 18. August 1866 der Norddeutsche Bund gegründet. Diesen dominierte Preußen, das siegreich aus dem Deutschen Krieg hervorgegangen war. Nun galt es mehr denn je, die schon im Mai erdachten Grundzüge einer gemeinsamen Verfassung der norddeutschen Länder zu korrigieren, zu ergänzen und alsbald zu veröffentlichen. Die Verwirklichung von Bismarcks Ideen über ein geeintes Deutschland sollte immer näher rücken. Das etwas pathetisch anmutende Lob seines direkten Vorgesetzten, König Wilhelm I., im September 1866 bestätigte, dass er sich damit auf dem rechten Weg befand: »Sie haben nicht allein als Staatsmann Ihren Namen für alle Zeiten auf die Ehrentafeln Unserer Geschichte geschrieben, sondern Sie haben Mir auch als Soldat treu zur Seite gestanden …«[43] Fünf Monate später lesen wir von einem weiteren Lob für Bismarcks Scharfsinn, die Energie

42 Zit. nach HESEKIEL 1869. S. 341 f.
43 Bismarck in Briefen 1934. S. 16.

und Leitung der ihm anvertrauten Geschäfte. Die ganze Euphorie über die Siege dieser Tage täuschte über das persönliche Befinden des Staatsmannes nicht hinweg. Sein Gesundheitszustand aber hatte in den Monaten nach dem Attentat gelitten. Im September soll er gegenüber seinem Privatsekretär häufig darüber geklagt haben, dass seine Kräfte gänzlich erschöpft seien. Er dachte sogar über einen Abschied aus der aktiven Politik nach. »Ich könnte es in dem Bewusstsein tun, dem Land etwas genützt zu haben und diesen Eindruck zu hinterlassen. Ob ich noch schaffen kann, was zu tun übrig blieb, weiß ich nicht.«[44] Man riet ihm, den Winter im Süden, zum Beispiel an der Riviera, zu verbringen und die Einrichtung des Norddeutschen Bundes auf das Frühjahr zu verschieben. Das lehnte Bismarck schließlich ab, denn sein Wille das Eisen zu schmieden, solange es glühe, machte eine Ruhepause dann doch nicht möglich. Er begründete dies mit einem seiner vielen bildhaften Vergleiche: »In Pommern sagen die Frauen, wenn die Stunde der Entbindung naht: jetzt muss ich meiner Gefahr stehen. Das ist gegenwärtig mein Fall.«[45] Er entschied sich zu einer Reise in seine Heimat, um sich hier von den Strapazen des Jahres zu erholen.

44 KEUDELL 1901. S. 309.
45 Dass. S. 310. Vgl. auch MATTHIAS 1918. S. 289 f.

3. Mehr als ein Erholungsurlaub an der Ostsee

»Wenn er aber still sitzt, im blauen Himmel und grüne Wiesen sieht und Bilderbücher blättert, geht's leidlich gut.«

Otto von Bismarck reiste am 26. September nach Karlsburg bei Greifswald, wo er seinen Cousin Friedrich von Bismarck-Bohlen besuchen wollte. In dem Karlsburger Schloss mit all seinen Annehmlichkeiten machte es sich der Reisende bequem, denn er kannte sich hier gut aus. Von Herbst 1838 bis Sommer 1839 hielt er sich nämlich während seiner Dienstzeit im Pommerschen Jägerbataillon in Greifswald oft auf dem Schloss auf. Hier wartete er nun auf seine Frau Johanna, die mit den Kindern zum Beginn der Schulferien am 29. September nachkommen sollte. Sie beeilte sich, da sie in Berlin die Nachricht von Bismarcks Erkrankung erreichte. »Matt, angegriffen und appetitlos« fand sie ihn vor und hatte den Eindruck, dass die große Politik bei ihm »Wehmuts- und Ärgergefühle« erregte: »Wenn er aber still sitzt, im blauen Himmel und grüne Wiesen sieht und Bilderbücher blättert, geht's leidlich gut.«[46] Bereits hier untersuchte ihn der Sanitätsrat Dr. Heinrich Struck am 2. Oktober gründlich und mit der Empfehlung absoluter Ruhe und Entspannung, bevor die Bismarcks mit ihrer 18jährigen Tochter Marie und den Söhnen nach Rügen weiterreisten. Bevor die beiden schulpflichtigen Jungen nach Berlin zurückgebracht wurden, genossen sie ein paar Tage die Insel. Sie besuchten die Stubbenkammer und zweimal das Jagdschloss Granitz, wo sie der Putbusser Fürst sehr liebevoll aufgenommen hatte.[47]

Vor Reisebeginn nach Pommern zeichnete sich nicht ab, dass gerade Rügen dafür geeignet war, genügend Kräfte für zukünftige politische Aufgaben zu sammeln. Die ländliche Ruhe, eine beeindruckende Insellandschaft und die Fürsorge der fürstlichen Familie zu Putbus sorgten für eine entspannende und anregende Atmosphäre. Im Bismarck-Roman des Schriftstellers Karl Bleibtreu finden wir eine Textpassage, die von den Wochen auf der Insel Rügen erzählt und die wichtigsten Akteure zwischen Ruhephasen und Politikgedanken benennt und agieren lässt. Die Passage aus dem vierbändigen Werk wird im Anhang übernommen. Erstaunlich ist, wie viel der Autor aus zeitgenössischen Quellen und späteren Untersuchungen über Bismarcks letzten Putbus-Besuch von 1866 erschlossen hat, um so detailliert neben epischen Anteilen immer auch biografische Inhalte zu vermitteln.[48]

---

46 KEUDELL 1901. S. 313 f. Johanna von Bismarck berichtete Robert von Keudell über ihre Gedanken, die sie am 30. September 1866 bewegten: »Je näher wir Karlsburg kamen, je mehr ängstigte ich mich, es könne recht schlechtgehen … war überselig, als ich ihn außer dem Bett und lange nicht so schlimm fand wie man nach Fritz‹ /Bismarcks Cousin – d. A./ Jammergericht vermuten kann.« Dass. S. 314.

47 KEUDELL 1901. S. 316. Den Bismarcksöhnen Herbert und Wilhelm gefiel es auf der Insel sehr, wie die Mutter zu berichten wusste: »Die Jungen sind in steter Ekstase über die lieben Menschen.«

48 Vgl. BLEIBTREU 1915. Der Auszug stammt aus Kapitel 24 des zweiten Bandes.

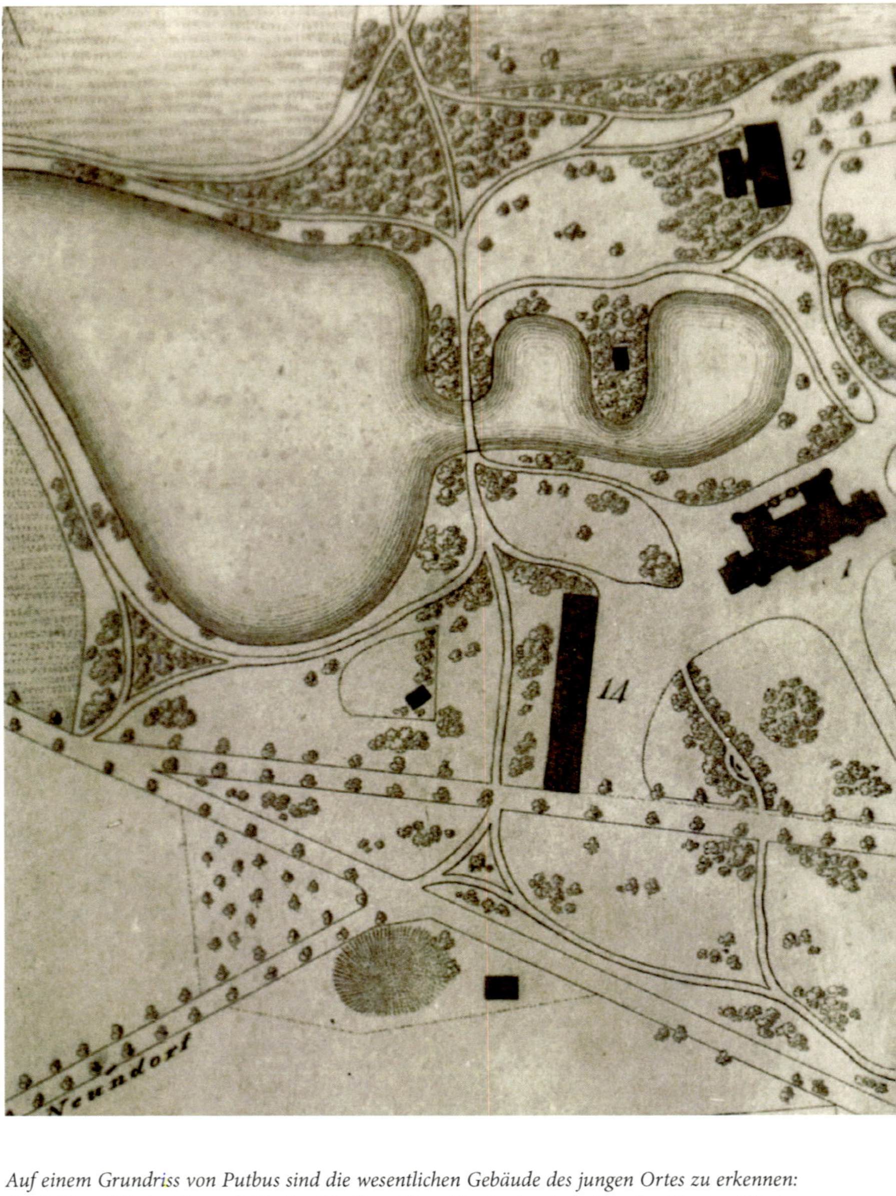

Auf einem Grundriss von Putbus sind die wesentlichen Gebäude des jungen Ortes zu erkennen: das Schloss (1), der Kursaal (2), der Musikpavillon (3), die Apotheke (7), das Theater (8), der Krug in der Straße »Am Park« (10), die Orangerie (12), der Küchengarten mit dem Gartenhaus (13), der Marstall (14). Welche Wege Otto von Bismarck gegangen ist, kann nur erahnt werden. Grundriss um 1836.

DER MARKT
7
8
Am
Park
12
10
13
DER CIRCUS

Fürst Wilhelm zu Putbus konnte den besonderen Gast aus Berlin nicht zu sich auf das Schloss einladen. Dieses war im Dezember 1865 abgebrannt und wartete auf einen Neuaufbau. Die fürstliche Familie wohnte in dieser Zeit in dem Gartenhaus in der Nähe des kreisrunden Platzes Circus und gleich neben dem fürstlichen Küchengarten.[49] Sein Großvater, Wilhelm Malte zu Putbus, hatte es 1828/1829 von dem Berliner Architekten Johann Gottfried Steinmeyer im klassizistischen Stil errichten lassen. Es entstand anstelle des alten Kruggebäudes im ältesten Teil des Putbusser Parks und war anfangs für den fürstlichen Gärtner vorgesehen.[50] Der Fürst entschied sich, die Bismarcks hier unterzubringen, denn das »Hotel du Nord« am Circus war alles andere als geeignet für einen erholsamen Urlaub.
Johanna von Bismarck kam ins Träumen, als sie von diesem Umzug schrieb, denn das Hotel war für sie der »scheußlichste Gasthof mit ewigem Lärm – im tollsten Kriegsgewühl kann kein ärgerer Skandal sein – Wagengerassel ohne Ende, klapprige Fenster, undichte Türen, es war grässlich.«[51] Das Ständchen, das dem hohen Gast der hiesige Männergesangsverein am Abend der Anreise brachte, konnte ebenso so wenig in dieser Situation helfen wie die feierliche Begrüßung durch den fürstlichen Rendanten Herrn Olfe, der »dem Gefühl der Verehrung für den Staatsmann in einer Ansprache Ausdruck« verlieh.[52]
In dem fürstlichen Gartenhaus war alles anders, auch wenn es nur einige Schritte von dem Hotel und der wohl stark befahrenen Straße nach Mönchgut entfernt lag. Es befand sich »in tiefer Abgeschiedenheit zwischen grünen Hecken, Weinranken, herbstlichen Rosen, mit dem Blick ins Meer hinein – aufs beste verpflegt von Koch, Diener und Mädchen.«[53]

---

49 Das Gartenhaus der fürstlichen Familie zu Putbus wurde zunächst als »Gärtnerhaus« mit einer Wohnung für Bedienstete konzipiert und genutzt. Nach dem Brand des Schlosses zu Putbus im Dezember 1865 wurde es als Wohnhaus der fürstlichen Familie eingerichtet. Später wohnte hier Fürstin Löwenstein, nach der das Gebäude den Namen »Villa Löwenstein« trug. Nach dem Krieg wurde vor der Villa im Jahr 1954 ein Rosengarten angelegt, in dem enteigneten Gebäude eröffnete die Handelsorganisation Konsum 1957 ein »Rosencafé«. Im fortlaufenden Text wird der Einfachheit halber vom Gartenhaus gesprochen.

50 Eine ausführliche Beschreibung der Entstehung und baulichen Besonderheiten des Gärtnerhauses wird vorgenommen in der Arbeit von Andreas VOGEL 2003, S. 84-85. Zudem sind hier zwei Entwürfe des Berliner Architekten und die erforderlichen Kostenaufstellungen zu finden, die sich heute in der Plankammer der Stiftung Preußische Schlösser und Gärten Berlin-Brandenburg befinden.

51 KEUDELL 1901. S. 315.

52 LOEBE 1910. Vgl. S. 50.

53 Dass. S. 315.

In dem Eckgebäude am Circus wurde 1866 das »Hotel du Nord« bewirtschaftet, in dem die Bismarcks es nur eine Nacht aushielten. Das Haus steht an der Alleestraße, einer der Hauptstraßen des Ortes. Das Wagengerassel erinnerte die Gäste eher an einen Kriegszustand im Ort als an Geräusche, die typisch für einen Badeort waren. Fotografie 1950.

4. Der Verlauf des Aufenthaltes in Putbus

»Bismarck ist sehr verstimmt darüber, dass verschiedene Sachen, welche er von hier dringend empfohlen, nicht erledigt worden sind ...«

Johanna von Bismarck und Graf Karl von Bismarck-Bohlen berichteten in Briefen an Robert von Keudell über den Gesundheitszustand und erste Kurerfolge Otto von Bismarcks. Keudell veröffentlichte 1901 Auszüge daraus, mit denen es möglich ist, den Aufenthalt des Staatsmannes in vielfältiger Form nachzustellen.[54] Der Leser erfährt aus fast täglich mitgeteilten Nachrichten etwas über dessen Befinden, den Erfolg der in Putbus durchlebten Kur und die Beschäftigung mit politischen Themen, die den Staatsmann Bismarck bekanntermaßen nie ganz losließen.
Die folgende Übersicht ergibt sich aus den genannten Aufzeichnungen und wurde vervollständigt mit den Meldungen aus der zeitgenössischen regionalen Presse, die in unregelmäßigen Abständen von dem hohen Besuch auf der Insel berichtete.

Kurverlauf im Kurzüberblick
06. Oktober: Die Bismarcks reisten in Putbus an und übernachteten in dem »Hotel du Nord« am Putbusser Circus. Otto von Bismarck erlitt in der ersten Putbusser Nacht furchtbare Qualen infolge eines »allerschrecklichsten Magenkrampfes«. Der Anstaltsarzt des benachbarten Pädagogiums Dr. Reinhard Hohnbaum-Hornschuh wurde gerufen. Erste ärztliche Mittel blieben erfolglos; erst eine Opiumeinspritzung »brachte zuletzt ein wenig Linderung.«
10. Oktober: Bismarcks Frau beschrieb ihn »so blass, so matt, so traurig« in seinem Bett liegend. Trotz guter Pflege sehe er so jämmerlich aus »wie seit 1859 nicht.« Damals litt er an einer Lungenentzündung, die ihn mehrere Monate außer Gefecht setzte.
11. Oktober: Dr. Heinrich Struck, Bismarcks Leibarzt vor Ort, hob nach einer Untersuchung leichte Verbesserungen im Gesundheitszustand des Patienten hervor. Johanna von Bismarck ging die Genesung des »entsetzlich elend« Aussehenden einfach zu langsam voran.
12. Oktober: Das war kein guter Tag für den Patienten Bismarck, den »große Mattigkeit und Niedergedrücktheit /und/ schrecklich elendes Aussehen« plagten.
13. Oktober: Nach einer etwas besseren Nacht im Gartenhaus sahen der Tag und alles Drumherum viel freundlicher aus, meinte Frau von Bismarck. Während des Zeitungsstudiums diktierte der Ministerpräsident seiner Frau erste Änderungen für die Verfassung des Norddeutschen Bundes.

54 Vgl. KEUDELL 1901. Die einzelnen in der Tageszusammenfassung zitierten Auszüge finden sich in Keudells Aufzeichnungen ab S. 314 ff.

Aus der Bibliothek des Königlichen Pädagogiums lieh Johanna von Bismarck Bücher aus, die sie ihrem Mann vorlas. In dem ersten Gymnasium der Insel Rügen wurden zu dieser Zeit zahlreiche Jungen auf das Abitur vorbereitet. Sie stammten nicht nur aus vermögenden Familien, sondern kamen auch aus Putbusser Familien, deren Söhne mit einem Stipendium die Schule besuchen durften. Von 1836 bis 1941 wurde in dem Gebäude das Pädagogium betrieben.Fotografie um 1950.

Der Circus von Putbus entstand in den 1830er Jahren nach dem Vorbild des englischen Badeortes Bath. Otto von Bismarck besuchte hier 1838 das Gelände der Rübenzuckerfabrik auf dem ganz rechten Grundstück (gegenüber dem Pädagogium, dem größten Gebäude des Platzes) und schlief mit seiner Frau eine kurze Nacht im Eckgebäude »Hotel du Nord«, das auf der linken Seite des Bildes zu sehen ist. Fotografie 1932.

15. Oktober: Arzt und Ehefrau waren sich einig: An eine Rückreise nach Berlin war noch nicht zu denken, da von Bismarck nicht reisefähig war. Johanna von Bismarck zweifelte daran, dass ein Kontakt zu Parlament und Politik erst nach vielen Wochen möglich wäre.
17. Oktober: Johanna von Bismarck wünschte sich, dass die Gesundheit ihres Mannes bald wieder hergestellt werden könne und er »gar keiner Kur mehr bedürfe.« Seine Kräfte reichten schon für einen einstündigen Spaziergang in der Herbstsonne von Putbus.
21. Oktober: Nach dem Einbau eines Ofens entschieden sich die Bismarcks, noch länger im Gartenhaus des Fürsten zu Putbus bleiben, denn die Abgeschiedenheit bekam dem Grafen ähnlich wie »das kleine Doktorchen mit seinen vorsichtigen Mitteln.« Der Ofen sorgte, so Alfred Biese in seinem Aufsatz über den Putbus-Aufenthalt Bismarcks, für eine Zimmertemperatur von 16 bis 18 Grad Celsius.[55]
24. Oktober: Es gehe dem Grafen »ziemlich gut« schrieb Frau von Bismarck und berichtete von dem zweistündigen Promenieren im Park zu Putbus. Erstaunlich ist der Vermerk: »... aber Rauchen und Weintrinken stets mangelhaft.« Für den Umstand wusste selbst der Doktor keine Erklärung.
25. Oktober: Die Bismarcks fuhren auf Einladung des Putbusser Fürsten zum Jagdschloss Granitz, wo der Graf auf Jagd ging und einen Zehnender erlegte. Trotz des Vergnügens dabei machte es ihn »doch etwas müde«. Er konnte zu dieser Zeit »nur zwei Zigarren täglich rauchen.«
30. Oktober: Bismarck diktierte seiner Frau sehr intensiv seine Ideen für die Verfassung des Norddeutschen Bundes, »was seinen Nerven gar nicht ersprießlich« war. Diese schienen, so ihr Eindruck in dem Brief, »noch lange nicht Ordnung«.
6. November: Die Gräfin beklagte, dass ihr Mann zwar schon gut essen könnte, aber es mit dem Rauchen und Genuss von Wein nicht voran ging. Nach wie vor kämpfte er gegen Schlafstörungen, konnte aber schon einen dreistündigen Spaziergang in die Umgebung von Putbus unternehmen.
8. November: Bismarcks Kräfte reichten noch nicht für eine Rückkehr nach Berlin, auch wenn er dies für den 15. November plante. Zu beklagen war das Auftreten der Insulaner, die »rappeltoll nach seinem Anblick« waren und den Fürsten zu Putbus wegen Besuchsterminen bedrängten.
12. November: Karl von Bismarck-Bohlen lobte den Gesundheitszustand des Patienten: »Den Chef fand ich zu meiner großen Freude körperlich sehr erholt.« Eine mehrstündige Fasanen- und Hasenjagd ermüdete ihn nicht.
14. November: Von Bismarck fühlte sich sehr leicht angegriffen, wenn er andere Menschen als die im engeren Umfeld sah und über Politik sprechen sollte. Die Rückkehr würde sich, so Karl von Bismarck, noch lange verzögern.

55 BIESE 1922. S. 132.

19. November: Die Gräfin hatte das Gefühl, dass es ihrem Mann nicht besonders ging, da er sich möglicherweise beim Spaziergang »ein bisschen erkältet« habe. Aus dem Grund und weil er am kommenden Morgen zur Jagd gehen wollte, blieb er den ganzen Tag über im fürstlichen Gartenhaus.
21. November: »Bismarck ist sehr verstimmt darüber, dass verschiedene Sachen, welche er von hier dringend empfohlen, nicht erledigt worden sind …« Frau von Bismarck beobachtete, wie sehr sich das Interesse an der Tagespolitik wieder entwickelte und richtete an von Keudell die Bitte, er solle schon im Vorfeld der Rückkehr »herüber und hinüber Rüffel austeilen.«
25. November: Freude herrschte im Gartenhaus, da sich von Bismarck »trotz Jagdstrapazen und Kirchenerkältung recht munter« zeigte. Lob erhielt er für seinen gesunden Appetit und den guten Schlaf. Weil er so frisch aussah, sorgte sich die Gräfin nicht über eine kurze nächtliche Schlafstörung. Vielmehr diktierte er insgesamt zehn Seiten an Hermann von Thile.
28. November: Die Tage in Putbus waren gezählt, da sich Otto von Bismarck bewusst auf seine Rückreise nach Berlin vorbereitete. Er unternahm stundenlange Wanderungen durch die Umgebung von Putbus, fand ausreichend Schlaf und stand früher als gewohnt auf, »um sich für Berlin in dies andere, gesundere Leben einzuüben.«

5. Genesung im fürstlichen Gartenhaus

»… so erweisen sich mir doch die köstlich frischen Seeluftbäder von Putbus fast ebenso sehr als ›Bäder der Verjüngung‹, wie die Herbstseebäder von Biarritz.«

Die kleine Idylle, die sich im fürstlichen Park auf dem Putbusser Hochplateau entfaltete, war wie geschaffen für die Bismarcks, sich von den Strapazen der letzten Monate zu erholen sowie Ruhe und Entspannung zu finden. Das war, wenn wir Johanna von Bismarcks Beschreibungen lesen, eine herrliche Gegend. Die Mischung aus fürstlichem Gartenreich, herbstlicher Baum- und Blumenpracht und dem Blick auf den Rügischen Bodden kann man heute noch nachempfinden. Sitzt man auf einer der steinernen Bänke des ehemaligen Küchengartens und taucht in die Welt der Mammutbäume ein oder schaut auf die Weite des blauen Boddenwassers, fällt das Abschalten ganz leicht. So mag es den Gästen von damals auch gegangen sein, als sie hierherzogen und schon an den ersten Tagen die Vorzüge der natürlichen Schönheit des Ortes und der fürstlichen Versorgung genießen durften.

Das fürstliche Gartenhaus wurde zunächst als Haus des Gärtners geplant. Dazu hatte der Architekt Steinmeyer die entsprechenden Entwürfe mit mehreren Außenansichten und Grundrissen angefertigt, nach denen es gleich in der Nähe des Küchengartens errichtet wurde. Nach Fertigstellung des Bauwerks war es sehr gut in den Parkanlagen sichtbar. Heute steht es ein wenig versteckt hinter einigen Baumriesen des Putbusser Parks. Stahlstich Rosmäsler 1836

Johanna von Bismarck in einer Fotografie aus Bismarcks Zeiten in Frankfurt am Main. Zeitlebens sorgte sie sich um ihren Otto und nahm sogar seine Ausflüge in die Damenwelt in Kauf. Aus ihren Briefen, die sich in Putbus schrieb und an den Sekretär Keudell schickte, wissen wir um ihre tägliche Pflege und Fürsorge für ihren Mann. Sie half ihm bei den täglichen Arbeiten und vor allem war sie es, die seine Diktate zu Papier brachte und nach Berlin verschickte. Fotografie 1859.

Otto von Bismarck ließ sich im Herbst 1866 in Putbus fotografieren; wahrscheinlich von dem Putbusser Fotografen, der seine Frau und die Fürstin zu Putbus mit ihm in einem Bild festhielt. Es ist davon auszugehen, dass die Aufnahmen im späten Oktober entstanden, als sich Bismarck wieder besser fühlte und sogar Spaziergänge in die Umgebung unternahm und an den Jagden des Fürsten zu Putbus teilnahm. Fotografie 1866.

Otto von Bismarck setzte sich mit seiner Frau Johanna und der Gastgeberin Wanda Fürstin zu Putbus während seines Kuraufenthaltes in Putbus für das Privatfoto zusammen. Möglicherweise entstand das Bild in dem fürstlichen Gartenhaus, wo sich die Bismarcks auf Einladung des Putbusser Fürsten erholten. Die Aufnahme gehört zu den ältesten Fotografien, die es aus dem Ort gibt.
Fotografie 1866.

Wilhelm Fürst zu Putbus (1833-1907) und seine Ehefrau Wanda Marie (1837-1867) zeigten sich im Herbst 1866 als sehr aufmerksame Gastgeber für den erkrankten Otto von Bismarck. Sie sorgten sich um das Wohlsein und richteten das Gartenhaus im Putbusser Park so ein, dass sich der Berliner Politiker sehr schnell wieder erholen konnte.
Fotografie um 1860.

Otto von Bismarck äußerte sich in einem Tischgespräch beim Fürsten zu Putbus über die Vorzüge dieses Aufenthaltes und verglich die »köstlich frischen Seeluftbäder von Putbus« mit den »Herbstseebädern von Biarritz«.[56] In dem südwestfranzösischen Seebad nahe der spanischen Grenze weilte Bismarck gern, denn hier konnte er im Atlantik schwimmen. Im Unterschied zu Putbus entwickelte sich Biarritz mit dem Bau der Sommerresidenz des französischen Kaisers seit 1854 zu einem mondänen Badeort, in dem man einfach kuren musste. Das Attribut für beide Standorte, wo er sich gern und erfolgreich erholte, ist bezeichnend, wenn er diese als »Bäder der Verjüngung« beschrieb. Ein Badegast in Putbus stellte das Ende Oktober 1866, also gut drei Wochen nach Bismarcks Ankunft auf Rügen, fest und schrieb nach einer Begegnung mit dem Berliner Politiker: »Bismarck kleidet sich schmucklos: ein dunkler Buckskinrock, eine gleiche Weste, graue Beinkleider: Das passt aber zu der ganzen Erscheinung gut, ja gibt der Figur etwas jugendlich Frisches, fast burschikos Keckes.«[57]

Das fürstliche Gartenhaus mit seinem interessanten Giebel in östlicher Ausrichtung und der Terrasse gen Süden bot damals alle für den Aufenthalt erforderlichen Räume. Im Erdgeschoss befanden sich vier unterschiedlich große Zimmer, die für Wohn-, Arbeits- und Schlafzwecke genutzt werden konnten. Eine Küche mit Speisekammer sowie zwei weitere kleinere Kammern ergänzten die Raumstruktur. Im ausgebauten Dachgeschoss befanden sich vier weitere, eher kleinere Stuben, die zwischen den beiden Abseiten eingebaut waren. Welche Räume wie von den Bismarcks genutzt wurden, lässt sich heute nicht mehr erschließen.[58]

Das Gebäude erinnert, wenn man sich die Pläne des Berliner Architekten anschaut, an ein Landhaus, das sich in seiner Architektur bewusst von den Villen im historischen Kern des Ortes unterscheidet. Topfpflanzen, wildwachsender Wein und seitliche Pergolen unterstützen das Ziel der fürstlichen Familie, am oberen Ende des Küchengartens ein sich einfügendes Gebäude entstehen zu lassen. Das Haus weist die für die Putbusser Architektur typischen Merkmale auf und konnte in den zurückliegenden Jahrzehnten erhalten werden. Vieles wurde nicht verändert im Vergleich zu den 1860er Jahren. Die Gebäudekanten und das breite Portal zur Straße nach Lauterbach sind durch eine so genannte »Putzquarderung« hervorgehoben worden. Wie alle klassizistischen Villen des Ortes besitzt das Gebäude weiße Holzfenster und wird regelmäßig weiß angestrichen. So erstrahlt es in den Grüntönen der Putbusser Park- und Gartenanlage. Über der breiten Freitreppe an der Giebelseite befinden bemerkenswerter Weise zwei

56 Vgl. WELLNER 1867. S. 212 f.

57 Dass. S. 214.

58 Die Entwürfe für das Gärtnerhaus, die der Architekt Steinmeyer 1828 anfertigte, werden in der Plankammer der Stiftung Preußische Schlösser und Gärten Berlin-Brandenburg in Potsdam aufbewahrt. Entwurf mit Vorderfront und Raumaufteilung Nr. 14579. Entwurf der Vorderfront mit Kostenaufstellung Nr. 14580.

runde Luken und ein gusseisernes Wappen der fürstlichen Familie zu Putbus.[59] Die Aussichten von der Terrasse des Küchengartens waren von besonderer Schönheit. Hier wandelte man in einem Laubengang und konnte zwischen den Bogen desselben hindurch auf die See schauen. Jede Rundung, so beschrieben es damalige Reiseführer bereits, boten andere Bilder. Daran hat sich bis heute nichts verändert, nur müsste man sich heute die Bogen dazu vorstellen: Romantisch breitet sich vor dem Hafenort Lauterbach die Malerinsel Vilm aus, die schon Caspar David Friedrich, Carl Gustav Carus oder Friedrich Preller d. Ä. gemalt haben. Weiter dahinter in südöstlicher Richtung zeichnet sich die Halbinsel Mönchgut mit ihren landschaftlichen Reizen aus Hoch- und Flachland ab. Ähnlich begeistert wie die deutschen Romantiker schrieb der Naturalist Gerhart Hauptmann nach seinem Besuch in Putbus von den Eindrücken der gesamten Anlage: »Perlen, wahre Perlen im Golde sind diese kleinen Fürstensitze auf deutschem Grund. Es sind Juwelen, feinste und edelste Blüten der Kunst und Kultur.«[60] Er wusste, wovon er schrieb, denn im Sommer 1886 weilte er in Putbus, arbeitete am dortigen Theater, durchstreifte den Park und genoss genau die Aussichten, die schon 20 Jahre zuvor die Bismarcks erlebten.

Johanna von Bismarck bezeichnete damals – ähnlich wie Friedrich Wilhelm IV. – die junge Putbusser Residenz als »irdisches Paradies«. Der preußische König nutzte sie im Sommer 1843 in einem Brief an den Putbusser Fürsten Wilhelm Malte. Vor allem in den 1850er Jahren reiste er jeden Sommer für mehrere Wochen nach Putbus, um in der Abgeschiedenheit des Großstadttrubels zu kuren. Frau von Bismarck bedauerte er, dass »ihr Otto« aber so krank war und von den paradiesischen Vorzügen in den ersten Tagen seines Aufenthaltes nicht sehr viel erleben konnte. Sie beobachtete ihn ständig und bemerkte sein blasses, mattes und trauriges Aussehen. Er machte einen jämmerlichen Eindruck »wie seit 1859 nicht«, schrieb sie an den Privatsekretär Keudell und hoffte in der ersten Woche noch auf eine Rückkehr in den nächsten 14 Tagen.[61] Daraus wurde bekanntlich nichts. Man stellte sich hier in Putbus auf eine längere Ruhephase und Genesung ein.

Das war sehr dringend geraten, denn Bismarck litt an Magenkrämpfen und einer starken Lungenentzündung, die ihn mehrere Tage ans Bett fesselten. Andere Krankheitsbilder waren in den letzten Jahren hinzugekommen und prägten sich

---

59 Erst 1918 erfuhr das Haus durch einige rückwärtige Anbauten eine Erweiterung und wurde von 2011 bis 2012 aufwendig saniert.

60 HAUPTMANN S. 11.

61 KEUDELL S. 315. Der Biograph Erich Marcks konstatierte für die Zeit nach 1866 persönliche Veränderungen in Bismarcks Aussehen, da die politische Arbeit nicht spurlos an ihm vorübergegangen war: »Sein Aussehen wandelte sich: die Spannungen von 1866 haben sich dem Antlitze eingeprägt und es zerrissen, der Diplomat des vorangegangenen Jahrzehnts ist breiter geworden, auch das Gesicht. Das Gewaltige überwiegt, aber es bedeutete nicht einfach Gesundheit und Befriedung. Er haderte mit König und Welt und litt die Schmerzen großen Menschentums, das immer an Leiden reich ist.« MARCKS 1913. S. 108.

wegen der von Völlerei gekennzeichneten Lebensweise des Patienten aus. Das hatte unter anderem zu einem lebensgefährlichen Übergewicht geführt. Teils chronische Krankheiten stellten sich im Laufe der Jahre ein und beeinflussten Bismarcks Gesundheitszustand: Unter anderem werden in der Literatur Rheuma, Venenentzündungen, Verdauungsstörungen, Hämorrhoiden und vor allem Schlaflosigkeit genannt. In ihren Briefen aus Putbus beklagte Johanna von Bismarck in Regelmäßigkeit die schlaflosen Nächte ihres Ehemanns.

Nicht weniger besorgniserregend waren Bismarcks Depressionen. Sie hatten sich in den Jahren zuvor langsam eingestellt und waren von vielen Zweifeln, Sorgen und Ängsten eines Staatsmannes bestimmt. Zu seiner massigen Gestalt in merkwürdigem Kontrast stand nicht nur die weiche, leise Stimme, sondern auch ein labiles Nervenkostüm, das ihn auf politischen Verdruss aller Art höchst reizbar reagieren ließ. Die vielen Beschwerden und Krankheiten, von denen Bismarck mit zunehmendem Alter geplagt wurde, waren, wie Jonathan Steinberg in seinem Werk »Bismarck: Magier der Macht« zeigt, vorwiegend psychosomatischer Natur: »Sein kolossaler Machtwille und die mit ihm zusammenhängende Wut auf jeden – Freund oder Feind –, der sich ihm in den Weg stellte, machten ihn buchstäblich krank.«[62]

Und nun sollte auf Rügen eine Genesung geglückt sein? Schauen wir in den Verlauf des Besuches der Insel, entdecken wir feste Größen, die dazu beigetragen haben, dass sich Bismarcks Gesundheits- und Gemütszustand verbessert haben. Zunächst war der Arzt Dr. Hohnbaum-Hornschuh ständig zur Verfügung und konnte entsprechende Ratschläge geben. Bismarcks Leibarzt Dr. Struck, der gleich nach seiner Ankunft im November 1866 mit dem »Doktorchen vor Ort die Lage besprach«, war mit dem Kurort zufrieden. Er »fand Putbus so entzückend, sogar in tiefem Schnee, dass er in poetische Stimmung geriet und Bismarcks am liebsten für immer dort festgenagelt hätte …«[63] Über den Sanitätsrat Struck erfahren wir, dass er »eine vornehme und zurückhaltende Natur« gewesen sei, »herb in seinen Anschauungen und von vornherein wenig entgegenkommend, weil ihn die Erfahrungen eines langen Lebens misstrauisch gemacht hatten.«[64] Dessen Ratschläge befolgte Bismarck mit mehr oder weniger Ernsthaftigkeit, denn er war kein einfacher Patient. Man sagte ihm nach, dass er nie seine innere Ruhe fand und keine Rücksicht auf seine Gesundheit nahm. Vielmehr entschied er nach den ärztlichen Verordnungen selbst, in welcher Dosierung, Dauer und Intensität er diese befolgte.

Zunächst spielte die Anwesenheit seiner Ehefrau Johanna eine grundlegende Rolle auf dem Weg der Genesung. Sie wird in der Literatur als liebevolle und fürsorgliche Frau beschrieben, die sich stets um ihr »geliebtes Ottochen« kümmerte und stets in Sorge um dessen Gesundheit war. In zahlreichen persönlichen Briefen, unter an-

---

62 STEINBERG 2012. S. 643 f.
63 BIESE 1922. S. 132.
64 EBERS 2012. S. 191.

derem an Lina von Eisendecher oder Robert von Keudell, liest man von besorgten Hinweisen auf mögliche Überanstrengungen durch immer mehr politische Aufgaben, das grenzenlose Engagement für sein Land und den Bismarck innewohnenden Ehrgeiz. Immer wieder merkte sie an, dass seine Urlaubs- und Ruhezeiten zu kurz kämen oder wie gut ihm Kuraufenthalte in verschiedenen deutschen Orten bekämen. Sie selbst stand bewusst hinter dem großen Politiker zurück und hat sich nie so recht in der großen Petersburger oder Berliner Welt wohlgefühlt, auch wenn sie sich stets in die sie erwartenden und von Bismarck gewünschten Aufgaben hineindachte. Ihm zu Liebe übernahm sie die gesellschaftlichen Verpflichtungen, lernte Reiten, Französisch und Tanzen, auch wenn letzteres ihr als Pietistin nicht verboten war. »Allerdings bleibt Johanna in ihrer Art und Weise sich zu geben, zu kleiden und zu reden eine Frau der Provinz, der Archetyp einer pommerschen Landadeligen. Ohne großes Interesse an Mode, Literatur oder Kunst lehnt sie die Rolle einer modernen Frau und Gastgeberin ab; alles, was sie tut, bleibt darauf gerichtet, ihrem Mann das Leben zu erleichtern. Modisch gesehen bleibt sie Zeit ihres Lebens beschränkt auf hinterpommersche Schlichtheit ...«[65] Johanna von Bismarck scheint in ihrem ganzen Wesen eher der ruhige Gegenpol zu dem turbulenten, stressigen Leben ihres Mannes gewesen zu sein. Auch in Putbus hat sie diese Ruhe in dessen täglicher Pflege wirken lassen und damit zum Gelingen der Kur beigetragen.

Ein geregelter Tagesablauf half nachweislich auch, das innere Gleichgewicht wieder zu finden. Das Jahr 1866 war äußerst turbulent, wenn man bedenkt, dass damals ein Attentat auf Bismarck selbst, zahllose politische Anfeindungen und ein deutsch-österreichischer Krieg zu bestehen waren. Das konnte auch bei einem so hart gesottenen Menschen wie Bismarck nicht ohne tiefgreifende Auswirkungen bleiben.

Zu den Spielregeln der Tage gehörten die festen Mahlzeiten, die von dem fürstlichen Koch zubereitet wurden. Bismarcks Vorliebe für Pünktlichkeit, die er vor allem auch in der Erziehung seiner Söhne einforderte, half ihm dabei sehr. Aus den Aufzeichnungen erfahren wir nicht im Einzelnen, was gegessen wurde. Die pommersche Küche mit ihren deftigen Gerichten aber wird in den ersten Tagen nicht in Frage gekommen sein. Möglicherweise hat man sich mit Suppen und Eintöpfen sowie magenfreundlichen Speisen beholfen. Johanna Bismarcks Hinweise auf das eingeschränkte Trinken von Wein oder das zögerliche Rauchen von Zigarren geben Aufschluss darüber, dass Bismarck ein Fan des Genusses war und es ihm äußerst schwer gefallen sein mag, die guten Gewohnheiten zu verändern.

---

65 SEGGERN 2007. S. 17. Der Museumspädagoge der Otto-von-Bismarck-Stiftung in Friedrichsruh gibt einen kurzen und interessanten biografischen Einblick in das Leben von Johanna von Bismarck und hinterfragt ihre Rolle an der Seite des wichtigen preußischen Politikers. Darin wird Hildegard von Spitzemberg (1843-1914), Freundin des Hauses Bismarck, zitiert, die über Johanna wohlwollend urteilte: »ihre Herzenswärme, ihre Treue, ihre originelle, durch keine Stellung verflachte, mächtige Individualität ist doch auch wert kennengelernt zu werden.« Dass. S. 20.

In verschiedenen geselligen Runden fand Bismarck zu einer seiner Stärken zurück. Er konnte seine Zuhörer durch gute Gespräche mit viel Sinn für Humor begeistern, wie beispielsweise bei einem Tischgespräch beim Fürsten zu Putbus Ende Oktober, als er über seine Anstandsdame Trine Neumann erzählte und dabei seine Vorliebe für die niederdeutsche Sprache nicht verbarg:

> »Als mein Bruder und ich auf das Gymnasium kamen, wurde Trine Neumann uns als Haushof-, Küchen-, Keller- und Sittenmeisterin von Hause mitgegeben. Sie hatte uns Jungen herzlich lieb und tat alles, was sie uns an den Augen absehen konnte. So machte sie uns zu Abend fast immer unser Leibgericht: Eierkuchen! Wenn wir gegen Abend ausgingen, ermahnte Trine Neumann uns regelmäßig: ›Bliewt hüt nich so lang ut, dat min Kauken nich afbacken!‹ Und regelmäßig, wenn wir endlich nach Hause kamen, hörten wir die gute Trine schon von weitem wie einen Rohrsperling schimpfen: ›Dunnerwetter, Jungens, ut Juch wat in'n Leben nix Vernünftigs – die Kauken sünd all wedder afbackt!‹ … Als wir ihrer milden Zucht und ihren Eierkuchen entwuchsen, ging sie nach Schönhausen zurück, dort liegt sie nun längst unter dem grünen Rasen! Gute Trine Neumann, wie würdest du dich gefreut haben, wenn du noch erlebt hättest, dass aus deinem tollen Otto mit der Zeit doch noch etwas leidlich ›Vernünftiges‹ geworden ist.«[66]

Typisch für Bismarck war zugleich, dass er auf politische Beschäftigung nicht verzichten konnte. Möglicherweise half ihm eine etwas unbeteiligte Weitsicht auf die politischen Geschehnisse in Berlin und in den deutschen Staaten, sich langsam wieder an den gewohnten Alltag zu gewöhnen. Schon am vierten Tag nach seiner Ankunft, ließ er sich die Tageszeitungen kommen, um sich selbst auf dem Laufenden zu halten. Er studierte die Norddeutsche Zeitung und die Kreuzzeitung, von denen letztere als sehr konservativ, antidemokratisch und als Unterstützerin der preußisch-deutschen Monarchie bekannt war. Ob sich die Aufregung, die so mancher Artikel verbreitete, für den Kranken eignete, sei dahin gestellt. Sie hat aber in etwas dosierter Form dazu beigetragen, dass sich der Patient nicht ganz abgeschottet fühlen musste. Er selbst meinte, dass die Lektüre nicht zum Krankwerden beigetragen hätte, sondern eher zu einer leichten Verstimmung. Das durfte nicht ohne Gegenreaktion hingenommen werden. Und wer Bismarck kannte, wusste natürlich, dass ihn alle Angriffe auf seine Politik und Entscheidungen nicht kalt ließen. So diktierte er dem Grafen Karl von Bismarck, der ihm als Legationsrat zur Verfügung stand, in den ersten Tagen seines Zeitungsstudiums Mitteilungen beispielsweise an den Redakteur

66 PENZLER 1907. S. 29.

der Norddeutschen Allgemeinen Zeitung, mit dessen Berichterstattung er sich oft unzufrieden zeigte. Beispielsweise hatte dieser von einer gewissen Missstimmung berichtet, die sich in den neuen Provinzen gegenüber Preußen breitmachten. Daraufhin reagierte der Ministerpräsident mit den Worten: »Das ist ohne Zweifel wahr, aber wir haben nicht den Beruf, es offiziös an die große Glocke zu hängen, sondern müssen es als junkerhaftes Idiotentum einzelner abgelegter Hofschranzen behandeln.«[67]
Für die Nachmittage und Abende besorgte Frau von Bismarck die passende Lektüre. Sie besuchte die Schülerbibliothek des Pädagogiums, um Bücher auszuleihen, aus denen sie ihrem Mann meist vorlas. Die eigentlich für Gäste des Fürsten zur Verfügung stehende Lehrerbibliothek der Bildungseinrichtung war zum größten Teil bei dem Schlossbrand ein gutes Jahr zuvor vernichtet worden. Bücherquittungen aus dieser Zeit geben den Nachweis darüber, dass Romane von Fritz Reuter, Walter Scott, James Cooper, James J. Morier und Edward Bulwer in den Monaten des Bismarckbesuches gelesen wurden.[68]
Der Naturmensch Bismarck wollte nicht lange in dem Gartenhaus nur grübeln und über seine großen politischen Ziele nachdenken. Er liebte es, einsam in der Natur zu sein und die Umgebung zu genießen, auf sich wirken zu lassen.[69] Ähnlich verhielt es sich bei seinem Besuch in dem französischen Badeort Biarritz, wo er sich zwei Jahre zuvor auch im Oktober erholte. Neben den täglichen Bädern, die er dort nachweislich genoss, suchte er die Entspannung in der Natur. Er schrieb darüber an seine Frau Johanna, die wegen einer Erkrankung in Berlin geblieben war: »Dazwischen /zwischen den Bädern – d. A./ schlendern wir am Strande umher, sitzen lesend und schreibend auf den Klippen über dem Wasser, kurz ein recht tagediebisches Leben. Ich habe so die Gewohnheit des Arbeitens angenommen, dass ich ein ganz schlechtes Gewissen habe, so gar nichts zu tun.«[70] Die Briefe aus Biarritz sind vor allem deswegen bemerkenswert, da sie dem Leser einen Eindruck davon verschaffen, wie er von den Erfolgen der Bäder, der Aufenthalte in der Natur oder der weiteren Aktivitäten am Strand oder in den Bergen schreibt. So können wir nachvollziehen, welche Bedeutung die natürlichen und menschlichen Annehmlichkeiten in Putbus für ihn hatten, auch ohne dass wir auf einen umfänglichen Briefwechsel oder Tagebucheinträge zurückgreifen könnten.

67 KEUDELL 1901. S. 324.
68 Vgl. MARCKS 1910.
69 In einem Gespräch mit seinem Mitarbeiter Moritz Busch bezeichnete sich Bismarck als »Liebhaber einsamer Spaziergänge in der Natur draußen«, als er auch den berühmten Ausspruch von seinem Wohlbefinden in Schmierstiefeln machte. Moritz BUSCH 1899. S. 163.
70 Herbert von BISMARCK 1916. S. 498. Wenige Tage zuvor begann Bismarck damals seine Kur in Baden und reiste über Paris nach Biarritz. In sechs erhaltenen Briefen schilderte er seiner Frau die Vorzüge des fast dreiwöchigen Kuraufenthaltes in Frankreich. Bemerkenswert fand er hier die sommerlichen Temperaturen, die es ermöglichten bis nach 22 Uhr bei Mondschein an der See zu sitzen, im Freien zu frühstücken oder am offenen Fenster Briefe zu schreiben. Am 17. Oktober 1864 berichtete er sogar davon, dass das Wasser noch 14 Grad hätte und ihm gut täte.

Sicher mag Bismarck auf Rügen ebenso ein schlechtes Gewissen wegen des Nichtstuns geplagt haben, weil er nicht im politischen Leben aktiver sein konnte. Trotzdem nutzte er die Zeit zum Abschalten und Entspannen. Er raffte sich auf und erkundete beispielsweise den Park von Putbus. 75 Hektar Fläche mit einem Tiergehege und vielen bewundernswerten Bäumen und Sichtachsen in die pommersche Landschaft boten da willkommene Voraussetzungen für den Spaziergänger, der allein oder in Begleitung von Frau und Tochter die Gegend erkundete. Während er am 17. Oktober eine ganze Stunde lang eine Wanderung in die nähere Umgebung unternahm, hielt er sich eine Woche später schon für zwei Stunden in Putbus auf. An einem der nachfolgenden Tage stiefelte er auf einem dreistündigen Marsch sogar bis nach Neukamp. Am Rande des kleinen Fischerdorfes ließ sein König das Denkmal für den Großen Kurfürsten errichten, der sich hier 1678 erfolgreich gegen die Schweden durchsetzte. Was Bismarck im Sommer 1854 noch nicht sehen konnte, da das Denkmal sich im Aufbau befand, erwanderte er an einem Tag dieses Herbstes. Eine sehr lustige Anekdote, die im Anhang zu finden ist, berichtet von dem Großstädter, der es sich gefallen lassen musste, von einem Hund gebissen zu werden. Die sich anschließende Begegnung mit einer Bäuerin aus dem Dorf Wreechen aber bescherte ihm indirekt ein Lob für sich selbst als den großen preußischen Staatsmann.[71] Die Episode auf dem Lande verärgerte Otto von Bismarck nicht sehr. Er erzählte in einem Gespräch mit einem Putbusser Badegast selbst von den Vorzügen des Ortes und den Bedingungen für seine langsame Erholung: »Meine Spaziergänge in dem selten schönen, naturfrischen Putbusser Park, am Meeresstrand und in den nahen Wäldern tun mir sehr gut, vor allem aber die friedliche Stille des grünen Örtchens, das mit seinen sauberen, weißen Häusern lebhaft an eine Herrenhuter Kolonie erinnert.«[72]

Spazierwege und Wanderrouten

Nachfolgend sind Spazierwege und Wanderrouten nach den vorliegenden Aufzeichnungen zusammengestellt, die Otto von Bismarck während seines Aufenthaltes in Putbus und Umgebung genutzt haben könnte. Für bestimmte Strecken gibt es nur die Hinweise auf Ziele des Gastes wie etwa die Fasanerie im Südwesten des Gartenhauses oder das Denkmal in Neukamp. Bis heute hat sich der Straßen- und Wegeverlauf nicht verändert, sodass man durchaus auf den Spuren des großen Berliners gehen kann.

---

71 Die Anekdote »De oll Köter von Wreechen« kann im Kapitel 7 dieses Buches nachgelesen werden. Es ist schon verwunderlich, dass dem großen Hundefan Bismarck so ein Malheur wiederfahren sein soll. Trotzdem gehört die Geschichte von dem Hundebiss zu den wenigen erhalten gebliebenen Episoden von einer Begegnung Bismarcks mit Menschen der Insel.

72 WELLNER 1867. S. 215.

Das Denkmal für den Fürsten Wilhelm Malte von Putbus wurde aus Anlass seines fünften Todestages gegenüber dem Schloss Putbus aufgestellt. Der Berliner Bildhauer Friedrich Drake erhielt von Fürstin Luise zu Putbus den Auftrag, ihren Mann in würdiger Form auf einem Sockel mit vier Reliefs aus seiner Zeit darzustellen. Fotografie um 1890.

A Spaziergang im Küchengarten

In unmittelbarer Nähe des Gartenhauses befand sich der fürstliche Küchengarten, der sich in südliche Richtung zog. Der Spaziergang unter den Mammutbäumen, vorbei an Rosenbeeten oder mit dem Blick auf den Rügischen Bodden nahm nicht viel Zeit in Anspruch, genügte also für die ersten erfrischenden Ausflüge Bismarcks.

B Wanderung durch den Park zur Fasanerie

Vom Gartenhaus aus unternahm Bismarck an einem Tag eine mehrstündige Wanderung zur Fasanerie in der Medars, südwestlich des Schwanenteiches. Um dahin zu gelangen, konnte er den Weg am zerstörten Schloss und am Schwanenteich entlang nehmen oder auf der Kastanienallee vorbei an dem Fasanenhaus bis hin zu der in dem Waldstück liegenden, alten Försterei. Hier wurde eine Aufzucht von Fasanen betrieben.

C Wanderung zum Denkmal in Neukamp

Nach einem längeren Marsch sah Bismarck das 1854 bei Neukamp errichtete Denkmal für den Großen Kurfürsten. Hierzu verlief der Spaziergang südlich in Richtung Wreechen, ein Dorf, das er durch die Kastanienallee erreichte. Von Wreechen ließ er sich mit einem Boot übersetzen, um die Verbindung zwischen dem Wreecher See und dem Rügischen Bodden zu überqueren. Erst 95 Jahre später errichtete man eine hölzerne Brücke über die Bek.

D Wanderung zur Goor

Das Badehaus in der Goor, das südöstlich von Putbus liegt, besuchte Bismarck bereits 1854. Es ist davon auszugehen, dass er auch in dem Jahr seiner Kur auf Rügen hierher spazieren ging oder sich dorthin fahren ließ. Das Friedrich Wilhelmsbad hätte die Annehmlichkeiten bieten können, die Bismarck in anderen Kurorten auch nutzte. Es fehlt aber bis heute der Nachweis, ob er überhaupt in der Goor gewesen war.

E Wanderung nach Neuendorf

Zwischen Putbus und Neuendorf verläuft der alte Weg, der nach der Gründung des Seebades 1816 bis zu dem Platz führte, an dem die Gäste des Fürsten badeten. 50 Jahre später weilte Bismarck hier, um mit seinem Gastgeber auf Fasanenjagd zu gehen. Die Wanderung bis nach Neuendorf und vielleicht durch Lauterbach zurück nach Putbus war sehr erholsam, da die Landschaft eine sehr abwechslungsreiche Szenerie bot.

Die Schlossanlage mit dem Malte-Denkmal im Park von Putbus wurde in die Gesamtkonzeption des englischen Landschaftsgartens eingepasst. An dieser Stelle hatte die Familie zu Putbus im Mittelalter ihren Wohn- und Verwaltungssitz eingerichtet, von wo aus die Bestrebungen zur Gründung und Entwicklung des gleichnamigen Ortes betrieben wurden. Fotografie 1932.

Das Schloss von Putbus war in den 1920er Jahren ein viel fotografiertes Motiv. Gäste der Insel besuchten während ihrer Urlaubstage gern den Schlosspark, der bis 1937/1938 öffentlich zugänglich war, und ließen sich vor dem größten Profanbau Vorpommerns ablichten. Bis dahin hatte die Kanzlei der Putbusser Fürsten Regeln für den Aufenthalt in der 75 Hektar großen Anlage festgeschrieben. Fotografie um 1925.

Durch das Fechtertor am östlichen Ausgang des Parks fuhren oder wanderten Bewohner und Besucher des Ortes, die vom Putbusser Schloss zum Friedrich Wilhelmsbad in der Goor bei Lauterbach wollten. Der Fürst zu Putbus ließ das Tor als eines von vier Park- und Stadteingängen mit Kopie der Fechter vor der Villa Borghese in Rom bestücken. Fotografie 1930.

Das Rehtor grenzte den Park in südöstlicher Richtung ab. Otto von Bismarck durchschritt es auf seinem Weg nach Neuendorf. Dort wurde noch vor dem Bau des Badehauses in der Goor gebadet. Der Fürst hatte am Strand von Neuendorf Badezelte und Badekarren aufgestellt und sorgte sich um die Damen und Herren, die hier das kühle Nass des Rügischen Boddens ausprobierten. Fotografie um 1930.

In dieser klassizistischen Fassung sah Otto von Bismarck das Schloss Putbus während seiner ersten Besuche auf Rügen. Im Jahr 1838 war er an einem Tag in Putbus und kam mit dem Fürsten zu Putbus ins Gespräch. Ob sie dabei in einem kühlen Schlossraum oder unter einem Schatten spendenden Baumriesen saßen, das ist nicht belegt. Lithografie um 1860.

In den englischen Landschaftsgarten ließ Wilhelm Malte zu Putbus den Schwanenteich in der Nähe seines Schlosses bewusst einbeziehen. Aus den Schlossfenstern über diesen kleinen Teich eröffnete sich auch ein weiter Blick auf die offene See. Es war eine der geliebten Sichtachsen entstanden, die den Besucher anhalten ließen und ins Staunen versetzten. Stahlstich um 1840.

Der Tiergarten im Putbusser Park war einer der Anziehungspunkte für die Gäste der fürstlichen Familie zu Putbus und Besucher der jungen Residenzstadt. In einem zeitgenössischen Stich aus dem Jahr 1836 wurden die Neuanschaffung des Fürsten und die Wildhütte festgehalten, die ganz nach Berliner Muster mit einem kunstvollen, schmiedeeisernen Zaun abgegrenzt waren. Stahlstich von Rosmäsler 1836.

Auf dem Hügel zwischen dem Ort und dem Schlossplatz von Putbus entstand die fürstliche Orangerie, die 1853 ihr heutiges Aussehen erhielt. Zuvor probierten sich die Putbusser Grafen auf der Anhöhe im Weinanbau. Während in der Orangerie früher exotische Pflanzen zur Überwinterung untergebracht wurden, stellen in diesen Räumen heute einheimische und andere Künstler ihre Werke aus. Fotografie um 1950.

Mit dem Bau des Brauhauses in der Alleestraße nahm die kleine Residenz im Jahr 1810 ihren baulichen Anfang. Zuvor sorgte der Vorgängerbau in Schlossnähe für unliebsamen Lärm, der nun an die alte Fahrstraße zwischen Stralsund und Mönchgut verlegt wurde. Gerhart Hauptmann gehörte zu den berühmten Gästen, die das kühle Bier aus dem Ort lobten. Fotografie um 1940.

Das Affenhaus schenkte Fürst Wilhelm Malte seiner Frau Luise, die eine Tierfreundin war. Natürlich stand es auch den Gästen des Hauses und des Ortes frei, sich die possierlichen Tierchen anzusehen. Es war Bestandteil einer vielfältigen fürstlichen Menagerie, die im pommerschen Raum in dieser Form nicht existierte und ein Vorläufer späterer Tiergehege war. Stahlstich um 1835.

Das Fasanenhaus gehörte zu den Gebäuden des Fürsten, die in der Nähe des Schwanenteiches errichtet wurden. Die Tierliebe seiner Frau Luise regte ihn dazu an, neben dem Vogelhaus auch ein Affenhaus in unmittelbarer Nähe bauen zu lassen. Die Entwürfe dazu stammen von dem Berliner Architekten Johann Gottfried Steinmeyer. Fotografie 1930.

Eines der ersten Gebäude im jungen Ort war das Theater, das zwischen 1819 und 1821 im fürstlichen Auftrag errichtet wurde. Die Stralsundische Zeitung berichtet schon im August 1820 von einem Schauspiel in dem Gebäude, als nämlich der preußische König Friedrich Wilhelm III. der Insel einen Besuch abstattete. Stahlstich von Rosmäsler 1836.

Rund um das Schloss von Putbus hatten die Fürsten eine kunstvolle Anlage entstehen lassen, die von zahlreichen Kunstwerken geschmückt wurde. Neben reich bepflanzten Blumenschalen war an einem Weg eine kämpfende Amazone zu finden. Fast alle Schätze aus der Zeit der Blüte von Ort und Landschaftspark im 19. Jahrhundert sind verschwunden. Fotografie um 1930.

Otto von Bismarck nutzte die Zeit, um durch den Putbusser Park zu spazieren. Dabei sah er auch das Tiergehege, das in der Nähe des Kursalons lag. Der Fürst hatte es auf dem Gelände einer Kuhkoppel im Jahr 1833 errichten lassen. Sogar der preußische König stiftete bei einem Besuch einige Exemplare Damwild, die das Gehege beleben sollten. Fotografie um 1930.

Der Aufenthalt an der frischen Luft mag ein Grund dafür sein, der Bismarcks Appetit wachsen ließ. Großstädter sagen immer wieder, dass sie an der frischen Ostseeluft hungriger werden. Das kann sogar wissenschaftlich belegt werden. Schon bei der Einrichtung des Seebades in Lauterbach, also in unmittelbarer Nähe zum Ort Putbus, waren sich der Fürst und seine beratenden Ärzte im Klaren darüber, dass Ostseeluft gesund ist. Deren charakteristische Besonderheit liegt in dem Zusammenspiel von Wasser, Luft und UV-Strahlung. Zwei Klimaarten unterscheiden die Wissenschaftler: das Reizklima, das bei bestimmten Erkrankungen durch Reizung heilende Wirkung haben kann und das Schonklima, das sich durch geringe thermische Reize sowie ausgeglichene Temperatur und Luftfeuchtigkeit auszeichnet. Dieses Klima sorgt bei Atembeschwerden und Hautreizungen für eine entsprechende Wirkung. Die gesunde Seeluft stärkt das körpereigene Immunsystem und die Sonnenkraft sorgt für die Vitamin-D-Synthese, wodurch sich der Blutdruck stabilisiert und der Bewegungsapparat gestärkt wird. Schließlich fördert die Bewegung an der frischen Luft den Appetit. Alles in allem bot Putbus mit seiner idealen Lage am Wasser, dem Park mit zahlreichen riesigen Bäumen und den Sonnentagen das natürliche Gesundheitspaket für Otto von Bismarck.

Was Bismarck täglich speiste, wissen wir nicht. Von einem Diner beim Fürsten zu Putbus erfahren wir nur, mit welcher Speise man begann, denn ein Badegast durfte daran teilnehmen und berichtete später von seinen Erlebnissen. Das Abendessen wurde gegen Ende Oktober gegeben und mit Austern eröffnet. »Es ist ein Vergnügen«, schrieb Arnold Wellner, »zu sehen, mit welcher Eleganz und Praxis Graf Bismarck seine Austern schlürft.«[73] Ganz nebenbei berichtete Bismarck, dass er und seine Frau am Vortag in der »Villa Putbus« vom Frühstück ganz satt waren, denn es gab kalten Hammelbraten und Sauerkraut. Ganz solide, wie er in dem Tischgespräch meinte.

Nach Auffassung seiner Zeitgenossen, die den Politiker von einer gesunden Lebensweise überzeugen wollten, hätte Bismarck auch die in Putbus vermittelte und zugleich erzwungene Enthaltsamkeit für weitere Lebensjahre nutzen sollen. Doch die Auszeit blieb nur eine von vielen und Bismarck konnte nicht aus seiner Haut. Erst Ernst Schweninger, sein neuer Arzt, konnte ihn in den 1880-er Jahren zu einer veränderten Lebensführung überreden. Was wir in aktuellen Forschungen lesen, ist in dem Zusammenhang erstaunlich und nachvollziehbar zugleich: Schweninger habe an Bismarck keine organischen Schäden, nur nervöse Ursachen für die Leiden gefunden, denen Bismarck seit seinem 25. Lebensjahr unterworfen war. »Seine Gesundheit, sein Glaube und seine staatsmännische Tätigkeit bildeten einen Funktionszusammenhang, in dem das eine Element das andere stützte oder auch schwächte.«[74]

73 Dass. S. 215.
74 SPIEGEL 14/1965. S. 60.

In einem Spiegel-Beitrag aus dem Jahr 1965 wurden Bismarcks gesundheitliche Probleme beleuchtet:

> »Bismarcks Krankengeschichte begann, als er 25 Jahre alt war (1840), mit einem Anfall rheumatischer Schmerzen. Krisen dieser Art – besonders mit Schmerzen in den Lenden und Hüften verbunden – suchten ihn von da an immer wieder heim.
> Von seinem 35. Lebensjahr (1850) an litt er an Blutandrang im Kopf, Erkältungen (Reizbarkeit der Atmungsorgane), an Erschöpfungserscheinungen und Verdauungsbeschwerden und deren organischen Folgen.
> Seine Verdauungsbeschwerden hatten allerdings begreifliche Gründe. Er war ein gewaltiger Esser. Er schlief lange, und der Tisch seines ersten Frühstücks – um 11 Uhr – war überladen mit kalten Koteletts und Gänsebrust, Spickaal und Eiern, Räucherfisch, Wurst, Butter und Honig. Zu Abend ließ er sich Suppe und Braten, Aale, Langusten und Schinken auftragen, trank Champagner und Bier (manchmal mit Milch gemischt), Rheinwein und Rotwein, zuweilen auch französische Liköre und deutsche Branntweine. Noch als 78jähriger trank er, wie die Frau von Spitzemberg beobachtete, vier Gläser Buttermilch auf einmal und Kognak darauf. Tagelang war er danach krank, und die kluge Spitzemberg fand es tieftraurig zu sehen, wie klein und schwach er ist, wenn es heißt, den eigenen Willen zu brechen.
> Seit seinem 44. Lebensjahr (1859) entwickelten sich ein ständiger Schmerzzustand und eine chronische Erschöpfung, die zeitweilig mit Depressionen verbunden waren. Akute Erkrankungen – Leberschmerzen, Mai 1859, und eine Lungenentzündung, Herbst 1859 – beeinträchtigten seinen Gesamtzustand weiter. Er begann unter neurotischen Schwierigkeiten (Schlaflosigkeit, allgemeine Aufgeregtheit) zu leiden, bekam Krampfadern, überstand eine Gelbsucht und litt fast ständig unter rheumatischen Schmerzen, insbesondere im Gesicht. In Friedrichsruh ließ er Hecken pflanzen, um sich vor Zugwind zu schützen.«[75]

Dr. med. Albrecht Müller, ein Sanitätsrat in Mönchengladbach, veröffentlichte 1921 seine Forschungsergebnisse über Bismarcks Krankheiten. Darin stellte er einen Zusammenhang zwischen seiner politischen Aktivität und seinem Gesundheitszustand dar. Die Kriege 1864, 1866 und 1870 bewirkten bei Bismarck, so Müller, das »plötzliche Verschwinden aller Beschwerden«.[76] Diesem Zustand folgten aber in regelmä-

75 Dass. S. 60.
76 MÜLLER 1921. S.

ßiger Weise »stärkere Erschöpfung und plötzliche starke Schmerzanfälle folgten.«[77] Otto von Bismarcks Nervenkostüm wurde seit Frühjahr 1866 von Drohbriefen strapaziert, die ihn anonym oder namentlich nach dem missglückten Attentat erreichten. Darin forderten die Schreiber den Tod des Ministerpräsidenten, wenn dieser sich nicht für Frieden einsetzte: »Soeben habe ich erfahren, dass man sie am Sonnabend erschießen will. Es sind 10 Mann bereit, Sie zu ermorden, sobald kein Friede wird. Sogar ihre Frau soll mit sterben.«[78] So robust er sich damals gab, so sicher werden ihm die Drohungen seelisch zugesetzt haben. Die Ängste vor einem nächsten Anschlag werden ihn auch hier auf Rügen beschäftigt haben. Und trotzdem versuchte Bismarck mit den Anfeindungen umzugehen und nach außen den harten, ehrgeizigen Politiker zu mimen, den nichts erschüttern kann. In dem bereits erwähnten Gespräch mit dem französischen Journalisten äußerte er etwas Bezeichnendes zu seinem Gefühlszustand: »Ich bin der Sündenbock der öffentlichen Meinung, aber ich gräme mich wenig darum. Ich verfolge mit vollkommen ruhigem Gewissen ein Ziel, das ich für mein Vaterland und für Deutschland nützlich halte.«[79] Der Aufenthalt auf Rügen war nach den bisherigen Darstellungen eine Station in dem sehr lebendigen Auf und Ab im Leben des Politikers, der von seinen aktuellen Aufgaben getrieben wurde und eher einen Raubbau mit seiner persönlichen Gesundheit betrieb.

Nach dem Besuch der Insel zog aber nicht die gewünschte Normalität in die Lebensverhältnisse des Grafen ein. Aus einer Recherche über seine Essgewohnheiten erfahren wir, dass sich diese nicht groß verändert haben. »Mensch Otto« nannte Günter Marklein sein Kochbuch, in dem die Zeilen des Geheimrats Christoph von Tiedemann veröffentlicht wurden. 1878 berichtete er seiner Frau in einem Brief von einer Reise mit seinem »Chef« Bismarck, der hinter Neustadt Appetit verspürte. Aus einem riesigen »Fresskorb« seien dann ein halber Hase, zwei gebratene Rebhühner, eine Rehkeule, verschiedene Sorten Wurst zutage getreten. Außerdem gab es Bier, Rotwein, Nordhäuser und Cognac zu trinken. Und wir lesen, dass Bismarck regelrecht stolz war auf seinen guten Hunger. In Lüttich will er als 26-Jähriger 175 Austern gegessen haben. Es stellte sich immer mehr heraus, dass es sich bei ihm um keinen Kostverächter handelte. Zu seinen Lieblingsgerichten gehörten unter anderem Windsorsuppe, Hummer, gefüllter Fasan, Käsestangen aus Blätterteig, Rebhühner in Burgunder und Pommerscher Gänsebraten. Wert legte der Politiker auf die Herkunft seiner Speisen. Als Herr vieler Güter hieß es bei ihm oft: »Alles Produkte meiner Wirtschaft!« Der Bismarck-Biograf Otto Pflanze widmet ein Kapitel seines Buches dem Charakter Bismarcks und geht auf die Essstörungen des Politikers und dessen merkwürdige Verbindungen zu seinen Hausärzten auch aus psychologischer

77 Dass. S.
78 KOHL 1894. S.152.
79 HESEKIEL 1869. S. 342.

Sicht im Detail ein.[80] Bismarck konnte Unmengen von schmackhaften und deftigen Sachen und gute Weine verzehren. Daher ist verständlich, dass sich seine Frau Johanna Sorgen machte, als ihr Mann in Putbus zum Beispiel keinen bis wenig Wein anrührte. Das konnte wirklich als ein schlechtes Zeichen für seinen Gemütszustand gewertet werden. Wenn er wohlauf war, bewies er das ganze Gegenteil von Enthaltsamkeit. In oben genanntem Kochbuch lesen wir, dass er sich im Alter von 80 Jahren enttäuscht über seinen Appetit zeigte: Gerade einmal vier Eier habe er vertilgt, dabei brachte er es in Jugendzeiten auf zwei Dutzend auf einen Streich. Natürlich hatte der Hering bei ihm einen besonderen Stellenwert. »Die sind gesund«, verkündete der Fürst 1888 in Friedrichsruh. Der Fisch sei ein sehr feiner und edler und nur deshalb gering geachtet, weil er häufig vorkomme und wenig koste. Eine passende Anekdote über die Entstehung des nach ihm benannten Herings aus Stralsund wird im 12. Kapitel erzählt.

80 PFLANZE 2008. S. 56 ff.

Otto von Bismarck war begeisterter Jäger und nutze seine freie Zeit auch gern zu Ausritten in die Umgebung von Friedrichsruh. Hier fand er nach dem Ende seiner politischen Laufbahn die Entspannung, die ihm in der aktiven Zeit oft fehlte. Fotografie um 1892.

6. Zur Jagd in die Buchenwaldung Granitz

»Es wird niemals so viel gelogen wie vor der Wahl, während des Krieges und nach der Jagd.«

Otto von Bismarck war ein begeisterter Jäger, der es auch auf Rügen nicht versäumte, dieser Leidenschaft nachzugehen. Auf dem Lande aufgewachsen, spielten der Rhythmus der Jahreszeiten und alle damit verbundenen Vorgänge in der Natur eine besondere Rolle in seinem Leben. Er fühlte sich stets für die Hege des Wildes auf seinen Gütern verantwortlich und jagte, so berichten es seine Mitmenschen, nicht weniger engagiert und entschlossen. In seiner Jugendzeit hatte er sich dafür sogar den Beinamen »der Wilde« erarbeitet, was auf seine Art der Jagdliebhaberei schließen lässt. Er wird als sicherer Schütze beschrieben, der überall willkommen war, wo man sich der Jagd widmete. Mit Stolz berichtete Bismarck in einem Brief an Alexander von Schleinitz über seine Teilnahme an einer Jagd am Ladoga-See, wo er damals auf Bären und Wölfe schießen durfte.[81]
Trotz der schwerwiegenden Erkrankung im Herbst 1866 ließ er sich die Teilnahme an der fürstlichen Jagd nicht nehmen, denn er weilte in einer günstigen Jagdzeit auf der Insel Rügen. Seit Generationen zog es seine Gastgeber, die fürstliche Familie zu Putbus, zur Jagd in die Buchenwaldung Granitz, einen bewaldeten Höhenrücken im Osten des eigenen Wohnsitzes zwischen den Ostseebädern Binz und Sellin. Fast 1.000 Hektar ist das Waldgebiet groß, das durch einen reichen Bestand an Buchen und Traubeneichen sowie eine interessante hügelige Landschaft gekennzeichnet wird. Im Norden und Osten grenzen die Steilküste zur Ostsee und im Süden die Halbinsel Mönchgut an das Gebiet.
Auf dessen höchsten Erhebung, dem 107 Meter hohen Tempelberg, ließ der Fürst Wilhelm Malte zu Putbus zwischen 1837 und 1846 das Jagdschloss Granitz errichten. Es entstand auf den Grundmauern eines zweigeschossigen Jagdhauses mit Pavillon, das sein Großvater zu Beginn des 18. Jahrhunderts nutzte, aber nicht mehr zeitgemäß war. Malte beauftragte seinen Berliner Architekten Johann Gottfried Steinmeyer mit der Errichtung des Schlosses, das dem Stand der Familie angemessene Räumlichkeiten für den eigenen Aufenthalt sowie für Zwecke der Präsentation und der Beherbergung von Besuchern enthalten sollte. Hier hielten sich während der Jagdsaison neben dem Fürsten zu Putbus zahlreiche namhafte Gäste aus dem politischen, wissenschaftlichen und kulturellen Geschehen des 19. Jahrhunderts auf. Das war kein Wunder, denn die Granitz war ein beliebtes Ausflugsziel und galt zu dieser Zeit als eines der besten Jagdreviere in Norddeutschland. Die einschlägige

81 Vgl. KEUDELL 1901. S. 88. Johanna von Bismarck berichtete in einem Brief an Robert von Keudell über die Jagderfolge ihres Mannes, der im Januar 1862 »mit einem Bären und einem riesengroßen Elch« heimgekehrt war.

Das Jagdschloss in der Granitz ist seit seiner Entstehung (1837–1846) eine Attraktion für Rügenbesucher. Damals lud die fürstliche Familie ihre hochherrschaftlichen Gäste hierher ein, um gemeinsam die üblichen Jagdgesellschaften abzuhalten. Zu ihnen gehörte Otto von Bismarck, der sich mit seiner Frau Johanna 1866 in das Gästebuch des Hauses eintrug. Lithografie um 1860.

Im Jagdschloss Granitz präsentierte die Familie zu Putbus zahlreiche Jagdtrophäen und andere Ausstellungsgegenstände, wie in dem abgebildeten Rittersaal. Damit erfüllte sich die Fürstenfamilie ihren persönlichen Anspruch an repräsentativen Räumen, die ganz im Sinne der persönlichen Darstellung und Wirkung ausgestattet wurden. Fotografie um 1930.

Literatur bestätigt den Status: Rot- und Damwild waren damals ebenso zahlreich vertreten wie Hasen und Fasanen.[82] Über die Anwesenheit verschiedener Größen des Landes berichtet ein erhalten gebliebenes Gästebuch des Jagdschlosses, das seit 1844 geführt wurde. Darin sind neben den Unterschriften auch Eindrücke der Jagdteilnehmer enthalten.[83] In einer Ausstellung im Jagdschloss geben Zeitungsmeldungen und Karten heute Auskunft über die Erfolge der Jagdgemeinschaft. Einladungskarten zur Jagd in den fürstlichen Putbus'schen Revieren belegen die stets sorgfältige Planung der Gastgeber.

Zu den Besuchern gehörte der preußische König Friedrich Wilhelm IV., der ähnlich begeistert von dem Schloss war wie von der Residenz des Putbusser Fürsten und der Insel Rügen an sich. Er vermittelte einen Kontakt zum Baumeister Karl Friedrich Schinkel, der den Entwurf für den heute noch erhaltenen Aussichtsturm in der Mitte des Jagdschlosses schuf. Es mag in diesem Zusammenhang Zufall sein, dass der Preußenkönig gerade zu dieser Zeit selbst eine verfallene Jagdburg in Letzlingen (Sachsen-Anhalt) nach Plänen des Architekten Friedrich August Stüler in den Formen der Neugotik errichten ließ. Merkwürdig ist auch, dass sich einige architektonische Merkmale der Schlösser auf Rügen und in dem Gardelegener Ortsteil ähneln. Und wie es der Zufall weiter wollte, stand Bismarck auf der Gästeliste der so genannten »Letzlinger Hofjagden«, die jeweils im Spätherbst stattfanden. In einem Brief an seine Schwester vom 10. Oktober 1862 erfahren wir beispielhaft von seinem Jagderfolg: »In Paris ging es mir gut, in Letzlingen schoss ich 1 Hirsch, 1 Sau, 4 Schaufler, 5 Spießer, 4 St. Damwild und pudelte doch gehörig, wenn auch nicht so viel wie meine Nachbarn.«[84] In gleichem Atemzug erwähnte er die wachsende Arbeitsbelastung als Ministerpräsident, wozu Gespräche mit über zehn Diplomaten, ein mehrstündiger Vortrag beim König oder verschiedene »streitsüchtige Minister-Konferenzen« gehörten. Der 14-Stunden-Tag endete mit Arbeiten aller Art und dem Fazit für den Tag »aber gesund und guten Schlaf, starken Durst!«

20 Jahre nach der Fertigstellung des Jagdschlosses in der Granitz ließen es sich Graf von Bismarck und seine Ehefrau hier gut gehen. In den Aufzeichnungen des Sekretärs Keudell finden wir einige Hinweise darauf, wie oft sich Bismarck an dem damaligen Jagdvergnügen beteiligte. An insgesamt fünf Tagen nahm er auf Einladung des Fürsten Wilhelm zu Putbus an der Jagd teil. Am 19. Oktober gingen der Fürst und seine Frau zusammen mit ihrem Gast am Badewege auf eine Fasanenjagd, obwohl letzterer »noch sehr angegriffen von der kaum überstandenen

82 Vgl. Hermann Fraude: Die Tierwelt Rügens. In: Grieben-Bücher für Natur und Kunst. Berlin 1925. S. 65ff.

83 Das Gästetagebuch befindet sich im Privatbesitz der Familie zu Putbus. Für Ausstellungszwecke in der Granitz wurde es als Quelle verwendet.

84 Hans ROTHFELS 1955, S. 300. Der Brief an seine Schwester Malwine von Bismarck (1827-1908) enthält einige kurze Hinweise auf den Arbeitsalltag und das Freizeitvergnügen des Politikers Otto von Bismarck.

Krankheit« war. In kurzer Zeit, so berichtete die Tageszeitung, habe er 14 Fasanen und zwei Hasen geschossen und war sehr zufrieden mit dem Jagderfolg.[85]
Eine weitere Jagd führte ihn nachweislich in die Granitz. Am 25. Oktober, also fast drei Wochen nach seiner Ankunft auf Rügen, fühlte er sich gesundheitlich in der Lage dazu. An den Tagen zuvor hat er sich für ein bis zwei Stunden an der frischen Luft aufgehalten, marschierte durch den Putbusser Park und traute es sich jetzt zu, das Jagdglück zu suchen. »In Pelze und Fußsäcke gewickelt, konnte Bismarck ins Dickicht der Granitz, von einem Förster begleitet, fahren und erlegte einen Zehnender.«[86] Zur Jagd ging es am Hubertustag, dem 3. November, wieder bei schönstem Herbstwetter in der Umgebung von Putbus.
Am 12. November beteiligte er sich an einer mehrstündigen Fasanen- und Hasenjagd, die ihn nach Auskunft seiner Ehefrau nicht anstrengte. Ohne Stuhl und nur durch Stehen und Gehen hatte sich Bismarck sehr gut geschlagen. Die Müdigkeit, die sich sonst einstellte, blieb ganz aus und machte den Beobachtern seines Gesundheitszustandes Mut. Bei dem Patienten stellte sich nach dem stundenlangen Aufenthalt in Rügens Wäldern ein guter Appetit ein und das war ein ideales Anzeichen für die Besserung seiner persönlichen Befindlichkeit. Eine fünfte Jagd fand am 20. November statt; darüber fehlen aber weiterführende Informationen.

85 Vgl. Rügensches Kreis- und Anzeigeblatt Nr. 86. 20. Oktober 1866.
86 BIESE 1932. S. 132.

7. Ein Star für die Rügenbewohner

»Die Insulaner sind rappeltoll nach seinem Anblick und quälen Putbus halbtot um Diners mit Bismarck.«

Die Familie Bismarck konnte nicht wie andere Touristen aus Berlin nach Rügen reisen und langsam die Insel für sich als Erholungsort entdecken. In den vorhandenen Quellen finden wir einzelne Nachweise, dass die An- und Abreise der Berliner Prominenz nicht unbekannt geblieben war. Bismarcks Ansehen hatte sich nach einem Tiefpunkt im Frühjahr 1866 spätestens nach der Schlacht von Königgrätz im Juli 1866 gewaltig gewandelt. »Bismarck ist jetzt der populärste Mann in Preußen. Alles schwärmt für ihn, auch die Demokraten«, bemerkte Wilhelm von Kügelgen, Kammerherr am Hof von Anhalt-Bernburg, zwei Tage nach der Schlacht.[87] Diese Nachricht erreichte natürlich auch die Rüganer. Sie zeigten sich als sehr gastfreundlich, denn mit Otto von Bismarck kam dieser berühmte Politiker und kampferprobte Sieger des deutsch-österreichischen Krieges zu ihnen. Begeistert sendeten die zwei adligen Familien von Harder und von der Lancken Blumen zur Begrüßung der Gäste, die zwischen der Ankunft des Dampfschiffes in Altefähr und der Weiterfahrt auf der Chaussee nach Bergen überreicht werden sollten.

Als die Inselgäste in Putbus ankamen, wartete, glauben wir dem Reporter des Rügenschen Kreis- und Anzeigeblattes, »eine große Zahl anwesender Bürger«, die zusammen mit den Sängern des Putbusser Gesangsvereins ein dreifaches Hoch auf den Gast eingeübt hatten.[88] Seit 1849 lernten die Männer des Vereins ganz verschiedene Kirchengesänge, die sie aus unterschiedlichen Anlässen zum Besten gaben. Nun sollten sich die hohen Herrschaften daran erfreuen. Nach einem Gesangsständchen hielt der fürstliche Rendant Olfe eine kurze Ansprache zur förmlichen Begrüßung der Reisenden, in der die Freude des Fürstenhauses zu Putbus und der ganzen Insel Rügen über den Besuch des preußischen Politikers zum Ausdruck gebracht wurde.

Weitere Nachrichten über Bismarcks Kontakt zur Bevölkerung der Insel haben wir wenige. So schreibt Johanna von Bismarck in einem Brief an Robert von Keudell über die Bemühungen der Bürger, den großen Mann aus der Hauptstadt zu sehen, kennen zu lernen und mit ihm ins Gespräch zu kommen: »Die Insulaner sind rappeltoll nach seinem Anblick und quälen Putbus (den Fürsten zu Putbus – d. A.) halbtot um Diners mit Bismarck. Es ist doch grässlich, dass der Arme nirgends seine Ruhe hat.«[89] Doch wenigstens ein Badegast hat es geschafft, bei einem begehrten Diner mit der Familie Bismarck dabei zu sein. Arnold Wellner besuchte gerade zu dieser Zeit die Insel Rügen und weilte in Sellin. Der Ort war für ihn ein »fast traumhaft stilles, grünes Nestchen«,

87 KEUDELL 1901. S. 309.
88 KOHUT 1910. S. 83.
89 Dass. S. 83.

wo er als »einziger Hochdeutscher« noch baden ging. Seine Eindrücke von einem Gespräch bei einer Tischgesellschaft des Fürsten zu Putbus wurden in der Zeitschrift »Daheim« veröffentlicht und schildern sehr detailliert von einem ihn beeindruckenden Erlebnis in dem Salon des Jagdschlosses in der Granitz.[90]
Wellner war begeistert von dem hoch gewachsenen stattlichen Mann, der kraftvoll gebaut war und eine straffe militärische Haltung bewahrte. Er sprach sogar von »jugendlicher Eleganz« und vornehmen, kühnen, ungezwungenen Körperbewegungen trotz des Alters von 53 Jahren. Über Bismarcks Gesundheitszustand lesen wir: »Die Gesichtsfarbe ist matt und von jener eigentümlichen Blässe, die auf körperliche Leiden, durchwachte Nächte und Tage voll geistiger Anspannung schließen lässt.«[91] Der Abend, den wir fast minutiös nachlesen dürfen, wird vor allem geprägt durch Gespräche über persönliche Lebensweisheiten, Anekdoten und amüsante Geschichten, zu denen auch Bismarck die eine oder andere beitrug. Aus Sicht der Rüganer ist aber die Passage über seine Eindrücke von Putbus und Rügen interessant, die hier auszugsweise wiedergegeben werden soll:

> »Der Graf redet mich an /Gespräch zwischen Graf von Bismarck und dem Badegast Wellner – d. A./, seine Stimme klingt tief und ruhig; er sagt mir in höflichster Weise, dass er am Morgen auf dem Schlossteich im Park schon fingerdickes Eis gesehen habe. Ich brachte glücklich hervor, dass ich in Sellin schon am 3. Oktober Eis gesehen habe. Gutmütig lächelnd sagte der Graf: ›Ja, Rügen hat eigentümliche Temperaturverhältnisse, durch die Kleinheit und Zerrissenheit der Insel in viele Halbinseln bedingt, indem das Meer, das je stets von einer viel gleichmäßigeren Temperatur ist, wie die Luft, überall tief in die Landeinschnitte eindringt und der Luft seine Temperatur mitteilt? Der Fürst sagt mir, dass es im Winter auf Rügen viel wärmer ist, wie bei uns in Berlin, sie sind Badegast?‹ – ›Ein eingefrorener, Exzellenz!‹ – ›Ich dachte, schon, ich sei der letzte Badegast auf Rügen – jedenfalls werde ich aber wohl der letzte bleiben. Wenn ich hier auch jetzt keine Seebäder mehr nehmen kann, wie früher im Oktober und November in Biarritz, so erweisen sich mir doch die köstlich frischen Seeluftbäder von Putbus fast ebenso sehr als ›Bäder der Verjüngung‹, wie die Herbstseebäder in Biarritz. Ich hoffe, auch jetzt nicht zum letzten Mal in Putbus zu sein, ich habe es in diesen wenigen Wochen sehr lieb gewonnen. Wenn ich wieder nach Rügen komme, geht es auch in die See hinein. Und wie ruhig kann ich hier leben …«[92]

90 WELLNER 1867. S. 212 f.
91 Dass. S. 214.
92 Dass. S. 214-215.

Lothar Bucher, einer der Vertrauten Bismarcks, konnte davon erzählen, welcher Beliebtheit sich sein Freund in Putbus und auf Rügen erfreute. Vor allem die bäuerliche Bevölkerung habe ihn wegen seiner Einfachheit, Schlichtheit und volkstümlichen Redeweise verehrt. In ihm sahen sie einen Vertrauten, da er eine ebenso große Vorliebe für die Natur zeigte wie sie selbst. Bismarck war nicht weniger von den einfachen Menschen auf dem Land begeistert, wie er in einem seiner Tischgespräche während des Deutsch-Französischen Krieges erzählte: »Die Leute auf dem Lande sind viel mehr darauf angewiesen, das Leben zu nehmen, wie es ist und wächst. Sie mögen weniger Bildung haben, aber was sie wissen, das wissen sie ordentlich.«[93]
In zahlreichen Anekdoten werden die sonder- und wunderbaren Begegnungen von Rüganern mit dem Grafen Otto von Bismarck beschrieben, von denen einige im Folgenden wiedergegeben werden.

Im Hafen Lauterbach landeten die Dampfschiffe an, die eine Vielzahl der Gäste vom Festland brachten. Während man zunächst die Besucher auf hoher See ausbootete, konnte man nach 1835 den neuen Landungssteg zum Aus- und Einsteigen nutzen. Der eigentliche festgebaute Hafen entstand zwischen 1900 und 1902. Fotografie um 1915.

93 BUSCH 1899. Bd. I. S. 497.

Wichtiger Anlaufpunkt des ersten Seebades auf Rügen war das Friedrich Wilhelmsbad in der Goor. Hier ließ die Badedirektion des Ortes im Auftrag des ersten Fürsten zu Putbus alle Annehmlichkeiten einrichten, die zu einem Bad gehörten. Zur Jahrhundertwende eröffnete man in dem historischen Gebäude ein gern besuchtes Hotel. Fotografie um 1930.

Otto von Bismarck mit seiner Frau und Tochter zu Besuch auf dem pommerschen Gut Varzin. Hierhin zog sich die Familie immer dann zurück, wenn sie von dem Berliner Alltagsleben Abstand gewinnen wollte. Der Ort hatte ähnlich positive Wirkungen wie die Punkte auf Rügen, an denen sich der preußische Ministerpräsident erholen konnte. Fotografie um 1872.

Das Dorf Wreechen besuchte Bismarck auf seiner Wanderung von Putbus zu dem Denkmal für den Großen Kurfürst an dem Küstenabschnitt von Neukamp. In der Mitte der Aufnahme ist eines der ältesten Wohnhäuser der Siedlung am Rügischen Bodden zu sehen. Hier wohnte der Schiffer Wittmüß, der sich hier 1816 mit Zustimmung des Fürsten niederlassen durfte. Fotografie um 1915.

Bauer Carl Weidemann vor seinem Hof in Wreechen. Hier machte Otto von Bismarck die Erfahrung, wie die damalige Dorfbevölkerung auf fremde Besucher reagierte, die unerwünscht den Hof betraten. Die Episode mit dem Hundebiss und dem sich anschließenden Gespräch zwischen Bismarck und der Bäuerin soll sich auf diesem Hof abgespielt haben. Fotografie um 1935.

Auf dem Weg nach Neukamp musste sich Bismarck über den Verbindungsarm zwischen Wreecher See und Rügischem Bodden in einem Boot übersetzen lassen. Bis zum Beginn des 20. Jahrhunderts gab es an dieser Stelle noch keine Brücke. Hier erlebte er für Großstädter die romantisch wirkende Stimmung der Fischerboote an alten Holzstegen mit der Insel Vilm im Hintergrund. Fotografie um 1940.

Das Denkmal für den Großen Kurfürsten wurde im Oktober 1854 im Auftrag des preußischen Königs Friedrich Wilhelm IV. bei Neukamp errichtet. Hierher wanderte Otto von Bismarck im Herbst 1866, nachdem er sich soweit erholte hatte, dass er größere Touren allein absolvieren konnte. Er wollte sich den Schauplatz der Seeschlacht um Rügen ansehen, die der Kurfürst 1678 gewonnen hatte. Fotografie 1980.

Otto von Bismarck streift mit seinem Hund allein durch die Landschaft von Bad Kissingen. Ähnlich wie auf dem Zeitdokument aus dem Jahr 1892 wanderte er allein, die Einsamkeit genießend durch die Umgebung von Putbus. Dabei fand er die erforderliche Ruhe und Besinnung, um wieder zu gesunden. Zeichnung 1892.

Bei jedem Wetter machte sich Otto von Bismarck auf den Weg durch seine nähere Umgebung, hier auf seinem Alterssitz in Friedrichsruh. So ähnlich könnte man sich den Politiker vorstellen, als er bei Wind und Wetter durch den Südosten der Insel Rügen wanderte. Fotografie 1892.

De oll Köter von Wreechen

Während seines Aufenthaltes in Putbus wanderte Bismarck des Öfteren in die nähere Umgebung des kleinen Ortes und hatte einige Kontakte zu Bauern und Fischern. Er erfreute sich hier schließlich großer Beliebtheit, namentlich bei der bäuerlichen Bevölkerung, die nicht genug über seine Einfachheit und Vorliebe für die Natur und die Kenntnisse in Fragen der Landwirtschaft staunte.

Auf einem Spaziergang in das Bauerndorf Wreechen musste Bismarck spüren, dass der Ort – wie heute übrigens auch noch – muntere, bissfreudige Hunde hatte. Als er sich die Höfe nichts ahnend ansah, sprang plötzlich von einem Gehöft ein »bissiger Köter« heraus und schnappte kurz einmal in das Hosenbein des Grafen, der den Hund gerade so abwehren konnte. Nicht schlecht staunend suchte Bismarck nun eiligst Hilfe auf dem Hof, denn er wollte nicht mit einem übergroßen Riss in der Hose weiter nach Neukamp oder zurück nach Putbus gehen.

Endlich fand er die Bäuerin und begann seine Frage mit den Worten: »Dunnerwedder, wo könn' Se hier so een beetschen Köter hol'n? – »Hür'n Se hierher?« fragte die Bäuerin, »Wat hebb'n Se up'n Hof to söken?« Nachdem er erklärt hatte, dass er nur zu Besuch auf der Insel sei, fragte Bismarck bescheiden, ob die Bäuerin ihm die Hose mit Nadel und Faden flicken könne. Als diese das Malheur sah, wollte sie bereitwillig alles in Ordnung bringen, konnte es aber neugieriger Weise nicht unterlassen, den Fremden ein wenig auszufragen.

»Se sünd wohl so'n Berliner?« – »Ja«, lachte Bismarck, »Ick bün so'n Berliner.« – »Hebb'n Se unsen König all mal seh'n? – »Ja, ik heff em wohl all seh'n.« – »Hebb'n Se Bismarck ok all seh'n?« bohrte die gute Frau unnachgiebig weiter, denn sie hatte schon von dem Besuch des Ministerpräsidenten gehört, denn die Nachbarin will ihn in Putbus gesehen haben.

»Wat is an dem aftoseh'n?« stellte Bismarck provokant zur Frage. Die Frau setzte kurz die Nadel ab und antwortete ihm grob: »Ik will Se mal wat seggen. Blots hier nich dämlich reden von uns Bismarck. Dat is uns best.« »Nee, nee«, reagierte Bismarck schnell, »ick heff ja noch nix gegen em seggt. Se fragten na'n König und da hürt dat doch nicht gliecks dorto.« Die Bäuerin sagte nichts mehr und als sie mit der Arbeit fertig war, gab ihr Bismarck einen Taler. Bescheiden bedankte sie sich: »Ik will nix schenkt hebb'n.« Bismarck beruhigte sie: »Na, Se sünd doch so'n Fründ von Bismarcken, un de Lüt seggen ümmer, dat ik em so ähnlich wier; denn nehm'n Se dat von mi to'n Andenken!«

Die Frau schaute auf: »Herr«, sagte sie zweifelnd, »Se sünd dat ja wohl sülvst?« und als sie den Taler besah, nahm sie all ihren Mut zusammen: »Herr, nehm'n Se't nich övel, äver den oll'n Hund will ik dat besorg'n.«

Bismarck und der Darsbander Kutscher

Der Lehrer und Heimatdichter Fritz Worm, der fast 40 Jahre lang auf der Halbinsel Mönchgut lebte und wirkte, erinnert in einer Geschichte an den Besuch des Berliner Politikers:

»Der Krieg mit Österreich war beendet und unser Bismarck hatte eine aufreibende Zeit hinter sich. Wenn er auch der ›Eiserne‹ genannt wird, er musste doch auch nach allen Strapazen eine Zeitlang Erholung und Kräftigung suchen. Das stille, reizvolle Putbus, die kleine fürstliche Residenz auf dem meerumschlungenen Rügen, hatte er zum einstweiligen Aufenthalt für sich und seine treue Lebensgefährtin erkoren.
Der gastfreie Fürst Wilhelm zu Putbus bot dem von ihm so hoch verehrten preußischen Ministerpräsidenten ein allerliebstes Gartenhäuschen zur Wohnung an und Bismarck hat hier mit seiner Gattin gar köstliche Tage verlebt, an die er sich später noch oft und gerne erinnerte.
Eines Tages sollte auf dem nahen fürstlichen Jagdschloss in der Granitz ein großes Diner stattfinden, an dem auch Bismarck und seine Gemahlin als Ehrengäste teilnahmen. Die fürstlichen Pächter aus der nächsten Umgebung von Putbus waren laut Vertrag zu gewissen Fuhren verpflichtet. Den Wagen für Bismarck hatte an diesem Tag der Pächter von dem Dorf Darsband zu stellen. Der hatte einen alten, bewährten Kutscher, der aber nichts auf Rang, Stand und Würden gab. ›Freiherr‹ war der Name des Biederen und weit und breit war der Alte wegen seiner Derbheit berüchtigt.
›Freiherr‹, sagte sein Herr, ›heute soll Er einen sehr hohen, berühmten Herrn mit seiner Gemahlin fahren, den Grafen Bismarck, dass Er sich nun aber recht manierlich benimmt und auch zeigt, dass er fahren kann!‹ – ›Keine Sorge, Herr‹, lautete die Antwort, ›ich will meine Sache schon machen.‹
Zur bestimmten Stunde hielt Freiherr vor dem Gartenhäuschen. Bismarck stand bereits vor der Tür und zog sich die Handschuhe an. Der Kutscher parierte mit einem Ruck die jungen, mutigen Pferde und grüßte kurz den Gast. ›Nun, Alter, sollen Sie mich und meine Frau zum Jagdschloss fahren‹, fragte leutselig der Graf. – ›Jawohl, Herr‹, bestätigte kurz und bündig der Rosselenker. – ›Meine Frau ist leider noch nicht ganz mit ihrer Toilette fertig, wir müssen noch ein Weilchen warten‹, erklärte Bismarck. – ›Ja, das weiß man ja, wie das nun einmal ist‹, erwiderte Freiherr, ›Frugenslüd werden ja mirstenteils nich zu rechter Zeit fertig und hebben immer wat to trödeln.‹
Bismarck hörte den Alten belustigt an und versuchte vergeblich, ein Lächeln zu unterdrücken. Er trat zu den hübschen Braunen, musterte sie

mit Kennerblicken und meinte, indem er sich an den Kutscher wandte: ›Ein Paar hübscher Pferde.‹ – ›Ja dat süd se, ick holl sie öwer ok danach‹, entgegnete selbstgefällig Freund Freiherr. Währenddessen trat die Gräfin heraus um einzusteigen. Als sie aber den ergrauten Kutscher erblickte, zögerte sie und flüsterte mit ihrem Gemahl: ›Können wir uns dem alten Mann auch wohl anvertrauen?‹ Bismarck beruhigte sein ängstliches Weibchen und sprach zum Kutscher: ›Meine Frau hat Sorge, dass Sie uns auch glücklich ans Ziel bringen.‹ – ›Ach was‹, schalt der sich beleidigt fühlende Freiherr, ›steigen Sie nur getrost ein, ich habe schon ganz anner Lüd gefahren als Sie sind. Ich habe vor drei Jahren noch Mandüwel (Manteuffel) und Uhlenspeigel (Eulenburg) gefahren, as de mit dem König hier wier, un de hebben sich gor nich ängstigt. Steigen Sie man ruhigst in!‹

Bismarck machte der Alte mit seiner schlichten, derben Redeweise ein Hauptvergnügen und ohne weitere Sorge bestieg nun das Ehepaar den Wagen. Ohne Zweifel, Freiherr verstand seine Sache aus dem Ff. Er fuhr so schneidig, dass Bismarck seine helle Freude an dem alten Kutscher hatte. Nach kurzer Fahrt hielt der Wagen bereits vor dem Jagdschloss und der Graf unterließ es nicht, dem tüchtigen Rosselenker seine volle Anerkennung auszusprechen.

Bei der Tafel gab Bismarck seine Erlebnisse mit dem Darsbander Original zum Besten. Alle Gäste waren natürlich aufs Höchste belustigt. Einige von ihnen machten Bismarck den Vorschlag, er solle vor der Rückfahrt den Kutscher etwas reizen, sie wären gespannt auf neue Ausfälle und Grobheiten seitens des Biederen. Bismarck ging bereitwillig hierauf ein. Beim Aufbruch trat er mit anderen hohen Gästen – Damen sowohl als auch Herren – an den bereits harrenden Wagen heran und bedeutete dem Alten, er solle nur vorausfahren bis zum Fuße des Tempelberges. Die Straße sei ziemlich steil und es gehörten schon junge, kräftige und geschickte Fäuste dazu, das Gespann auf der abschüssigen Straße sicher zu lenken. Freiherr sah den Grafen und seine Umgebung so recht von oben mit einem vernichtenden Blicke an, sprach dann kurz und bündig: ›Steigen Se nur in! Dor führ ik runner, dat man so – sch…‹ Die umstehenden Damen wurden rot unter den Öhrchen und die Herren waren einfach nur baff. Nur Bismarck verlor auch diesmal seine Ruhe nicht und sprach: ›Komm, Frauchen, wir können's wagen!‹

Ein reichliches Trinkgeld lohnte den sicheren, geschickten, wenn auch ›saugroben‹ Kutscher.«[94]

94 WORM 1936. S. 74.

Bismarck und der nach ihm benannte Hering

In einer bekannten kulinarischen Anekdote, die einen Stralsunder Hintergrund hat, spielt Bismarck eine wesentliche Rolle. Auch wenn sie nicht vordergründig etwas mit seinen Rügenaufenthalten zu tun haben mag, sei sie wegen der Bekanntheit noch einmal erwähnt.

Der Stralsunder Kaufmann und Braumeister Johann Wiechmann war ein großer Verehrer des Reichskanzlers und schickte ihm aus Anlass der Reichsgründung von 1871 und seines Geburtstages ein Holzfässchen sauer eingelegten Herings. Das war kein Problem für den Begründer der nach ihm benannten Fischkonservenfabrik, zumal das Rezept seine Frau Karoline entworfen hatte. Geschenke bekam der Pommer damals zu allen Geburts- und Ehrentagen in Hülle und Fülle. Diese Idee aber hinterließ bei Bismarck eine bleibende Erinnerung.

Er scheint davon sehr angetan gewesen zu sein und gab Wiechmann die Erlaubnis, den eingelegten Ostseehering künftig als »Bismarck-Hering« zu verkaufen. Dazu willigte Bismarck mit einem persönlichen Handschreiben ein. Außerdem ist von ihm der Ausspruch überliefert: »Wenn Heringe genau so teuer wären wie Kaviar, würden ihn die Leute weitaus mehr schätzen.« Nun mögen sich manche fragen, wie sich der saure Hering mit seinem nervösen Magen vertragen haben mag. Das aber wissen wir nicht. Über die Geschichte, ob der Stralsunder Hering zuerst den Namen Bismarcks tragen durfte oder doch eine Variante aus Flensburg oder Bismark in der Altmark, darüber streiten sich die Geister. Für diese Annahme der Stralsunder Geschichte spricht eine Urkunde, die dem Händler die Rezeptur und den Namen bescheinigt. Der Stralsunder Fischhändler Rasmus stellt diese Urkunde in Kopie übrigens in seinen Geschäftsräumen aus. Das eigentliche Dokument hing nach Aussagen der Familie bis Oktober 1944 im Kontor des Wiechmann-Enkels Hans in der Fischfabrik »Johann Wiechmann« am Frankendamm /Ecke Grünstraße. In dem Bombenangriff auf Stralsund im Oktober desselben Jahres fiel es einem Brand zum Opfer.

Ein letzten Kontakt zu Putbus‹ Einwohnern hatte Bismarck am 30. November 1866, dem Tag vor seiner Abreise. Er wurde von dem Männer-Gesangsverein wiederum verabschiedet und bedankte sich persönlich bei dem Dirigenten für die herzliche Form der Verabschiedung von der Insel. Am Abreisetag fuhren die Bismarcks wieder über Samtens, wo sie Rügens Landrat Wilhelm von Platen und zwei Kreisdeputierte begrüßten. Der Grundherr Friedrich von der Lancken übergab ihnen Erfrischungen für die Weiterfahrt nach Berlin.

Zwanzig Jahre nach dem Aufenthalt in Putbus lässt sich Otto von Bismarck an seinem Schreibtisch fotografieren. Obwohl er auch im Gartenhaus an einem Sekretär arbeiten konnte, diktierte er die Briefe nach Berlin sowie die Anmerkungen und Ideen für die Verfassung des Norddeutschen Bundes seiner Frau Johanna. Fotografie 1886.

8. Politische Arbeit mit den Putbusser Diktaten

»Geschrieben hat Bismarck wohl während seines ganzen Putbusser Aufenthaltes nicht außer der Andeutung von Namen mit Bleistift ...«

Es sind Bismarcks Diktate, die von Putbus aus in den Text der Norddeutschen Verfassung eingingen und damit ein wichtiges Stück deutscher Geschichte prägten. Friedrich Marcks, Lehrer am Königlichen Pädagogium Putbus, hielt über den Besuch Bismarcks eine Rede in der höheren Bildungseinrichtung. Er rekonstruierte, wie die politische Arbeit an dem Textentwurf in der Kleinstadt auf Rügen vorangetrieben wurde.

Die Vorgeschichte zu dem Kapitel begann bereits im Juli 1866, als Bismarck in einem Reformvorschlag allgemein seine Ideen für eine bundesstaatliche Neuordnung umriss. Zugleich wurden in dem Vertrag des Militärbündnisses vom August 1866 erste Ansätze für eine Kooperation der 17 unterzeichnenden Staaten mit fast 30 Millionen Einwohnern deutlich. Im selben Monat bat Bismarck Vertreter verschiedener politischer Lager um Entwürfe für eine Verfassung: den liberalen Historiker Max Duncker, den Demokraten Oskar von Reichenbach, den Referenten für deutsche Angelegenheiten im preußischen Ministerium für Auswärtige Angelegenheiten Rudolf Hepke, den Konservativen Hermann Wagener und den Mitarbeiter im Auswärtigen Amt und engen Bismarckvertrauten Lothar Bucher. Während vier dieser Entwürfe in den Fachministerien ausgewertet werden konnten, habe Bismarck den Entwurf »Verfassungsurkunde für das Norddeutsche Reich« von Hermann Wagener nicht weitergeleitet, sondern persönlich für seine Belange genutzt. Er blieb bei der Verteilung der Aufgaben seinem irgendwann gefassten Motto treu: »Ich habe bestimmte, positive, praktische Ziele, nach denen ich strebe, zu denen mir mitunter die Linke, mitunter die Rechte geholfen hat. Ich gehe mit dem, der mit den Staats- und Landesinteressen nach meiner Überzeugung geht; die Fraktion, der er angehört, ist mir vollständig gleichgültig.« [95]

Auf der Insel Rügen hat sich Bismarck zuerst mit dem täglichen Zeitungsstudium auf dem Laufenden gehalten.[96] Wie bereits in dem Kapitel über den Erfolg seiner Kur angedeutet, studierte er aufmerksam die Berichte der Tagespresse. In seiner ihm typischen Art protestierte er in auswertenden Gesprächen dann immer gegen das Geschriebene mit Missmut und großer Verärgerung. Ein Stück weit mögen die Journalisten aber dazu beigetragen haben, dass sich der Politiker in seiner Pause angestachelt fühlte, sich wieder mit der politischen Tagesordnung zu befassen. Er

95 BISMARCK 1929. S. 12.

96 Ganz ohne Arbeitszeiten kam Bismarck auch hier in Putbus nicht aus: »Die Arbeit, der gewohnte Begleiter in jedem Erholungsaufenthalt, ließ sich auch dem Krankenzimmer nicht völlig fernhalten.« MEYER 1949. S. 342.

Im November 1866 machte der Putbusser Fotograf Linde mehrere Aufnahmen von dem berühmten Besucher des Ortes. Vergleicht man das Porträt mit anderen Bildern dieses Jahres spürt man schon, wie sehr das Attentat und der Krieg gegen Österreich am Nervenkostüm des Ministerpräsidenten gezerrt haben. Fotografie 1866.

dachte beispielswiese über das alte Parlament nach, dessen Wahl, Aufbau und Zusammensetzung und wägte verschiedene geistige Entwürfe dazu ab. Dabei verglich er mit den bislang erlebten Parlamenten, den damit verbundenen Vor- und Nachteilen – vor allem aus preußischer Sicht.
Seine Gedanken zu unterschiedlichen Gesichtspunkten, brachte er nicht selbst zu Papier. »Geschrieben hat Bismarck wohl während seines ganzen Putbusser Aufenthaltes nichts außer der Andeutung von Namen mit Bleistift, um Weisungen zu geben, wer die eingegangenen Briefe beantworten solle ...«, schrieb Friedrich Marcks in seiner Rede »Putbusser Erinnerungen aus großer Zeit«.[97] Vielmehr diktierte der Staatsmann in stundenlangen Sitzungen seiner Frau Johanna und im November 1866 dem Grafen Karl von Bismarck, der ihm als Legationsrat zugeteilt worden war. Der Historiker Adolf Kohut merkte treffend an, dass er sich dabei nicht nur im Großen und Ganzen um die Politik kümmerte, »sondern auch in allen Details.«[98] Nichts sollte einem Zufall überlassen werden, der sich vielleicht negativ auf die preußischen Interessen hätte auswirken können. Man spürt bei der Betrachtung dieser Tage die Arbeitsweise, wie sie sein Sekretär Robert von Keudell an seinen Bruder im November 1862 beschrieb: »Bismarck ist in Geschäften wirklich wundervoll, von unbegreiflich schnellem Blick und heiterer Entschlossenheit, verlangt er mitunter Unausführbares, weil nicht alle Verwaltungsgesetze ihm geläufig sind.«[99] In diesen Momenten, wenn er Bismarck auf Recht und Gesetz hinweisen musste, war sein Vorgesetzter meist verärgert, wusste sich aber immer zu beherrschen. Schon am nächsten Tag war von der Verärgerung nichts mehr zu spüren und Bismarck ging zusammen mit Keudell zur Tagesordnung über.
Johanna von Bismarck schrieb erstmals am 13. Oktober 1866 ein Diktat ihres Mannes auf, in dem er sich mit Ideen für den Verfassungstext des zukünftigen Norddeutschen Bundes beschäftigte. An den nachfolgenden Tagen gab es weitere Gedanken und Ideen zur Niederschrift. Die täglichen Abläufe ähneln sich: Zunächst diktierte Bismarck an mehreren Tagen seiner Frau, die alle Ausführungen mitschrieb. Anschließend legte sie ihm die Briefe an verschiedene Personen aus seinem politischen Umfeld wie Karl Friedrich von Savigny oder Hermann von Thile vor, die er mit einem Namenszug des Empfängers kennzeichnete. Sein Privatsekretär Robert von Keudell erhielt danach sämtliche Schreiben, um sie in Berlin an die entsprechenden Mitarbeiter zu verteilen und beantworten zu lassen. Die Texte werden als »Putbusser Diktate« in der Geschichtsschreibung bezeichnet.
Nun entstand hier in Putbus nicht der gesamte Verfassungstext, denn dafür hätte die Zeit bei Weitem nicht gereicht, wohl aber sind entscheidende Passagen von hier aus in das Dokument eingeflossen. Es hielt sich lange eine Legende, Bismarck habe

97 MARCKS 1910. S. 20.
98 KOHUT 1910. S. 84.
99 BISMARCK 1934. S. 13.

mit seinem Vertrauten Lothar Bucher in nur zwei Tagen die gesamte Verfassung hier in Putbus entworfen. Der Historiker Otto Pflanze wies aber nach, dass Bismarck einen großen Teil des Textes schon vorher allein geschrieben hatte. Dabei haben ihm sicher verschiedene Personen und Ideen geholfen, aber es stehe fest, dass »die Verfassung insgesamt sein Werk war.«[100] Das verstehe sich von selbst, wenn man bedenkt, wie sehr sie seinem Zweck dienen sollte: dem Erhalt der bestehenden absolutistischen Struktur, auf der ja auch seine Macht beruhte.

Grundlage für die Putbusser Diktate waren unter anderem die bereits vorhandenen Entwürfe der fünf genannten Beamten. Auch die preußischen Fachministerien waren im Vorfeld beauftragt worden, für ihren jeweiligen Geschäftsbereich wünschenswerte Bestimmungen in der Verfassung auszuarbeiten. Er selbst behielt es sich vor, die Normen für die Gestaltung der Machtverhältnisse zwischen dem Präsidium und den Bundesmitgliedern zu formulieren. Diese Aufgabe stellte er sich in den Oktobertagen von Putbus. Am vorletzten Oktobertag nahm Bismarck dies sehr ernst, wie wir in der umfangreichen Sammlung von Gedanken ersehen können, die er seiner Frau diktierte. Diese schrieb an den Sekretär Keudell erfreut und ein bisschen besorgt zugleich: »Bismarck geriet so ins Diktieren, dass es gar kein Ende nahm – wie er sich denn jetzt im Stillen sehr viel mit dem alten Parlament beschäftigt, was seinen Nerven gar nicht ersprießlich ist, die noch lange nicht in Ordnung sind.«[101] Die nach dem Diktat einsetzende körperliche und geistige Schwächung berechtigte Johanna von Bismarcks Meinung, dass dienstliche Geschäfte und Gespräche mit Dritten keineswegs sinnvoll gewesen wären. Den ärztlichen Rat annehmend, wurde daher der Besuch seines Vertrauten und späteren Widersachers Karl Friedrich von Savigny auf den für später geplanten Aufenthalt in Kröchlendorf verschoben. Dabei verwundert es zugleich sehr, wie tief verwurzelt der Ministerpräsident in die täglichen politischen Geschäfte war. Weder beim Zeitungsstudium, auf Spaziergängen oder bei Unterhaltungen im kleineren privaten Kreis ließen ihn von seinem eigentlichen Ziel, der deutschen Reichseinigung unter preußischer Regie, nicht los. Für Bismarck waren vor allem der Machterhalt des preußischen Königs und damit zugleich die Darstellung des Machtverhältnisses zwischen dem Präsidenten und den Bundesmitgliedern wichtig. Daraus sollten sich die wesentlichen inhaltlichen Anhaltspunkte für die textliche Zuarbeit der Mitarbeiter ergeben.

Die erste inhaltliche Frage in den »Putbusser Diktaten« entstand während des Studiums der Zeitung. In einer Wahlversammlung wurde das Problem aufgeworfen,

100 PFLANZE 2008. S. 345-368. In dem Kapitel »V. Das deutsche Gleichgewicht« beschäftigt sich Otto Pflanze mit dem Entwurf der Verfassung des Norddeutschen Bundes und dem damit verbundenen Mythos der zweitägigen Entwicklungszeit für einen Verfassungstext, der nur mit Buchers Hilfe entstanden sei. Dabei werden die wesentlichen inhaltlichen Schwerpunkte aufgeführt.

101 KEUDELL 1901. S. 328.

ob man »neue Preußen« in die Kammer wählen dürfe. Bismarck erklärte, sich gegen die Auffassung des Journalisten aussprechend, dass die Herren Rudolf von Bennigsen in Hannover und Karl Braun in Nassau gewählt werden können. Er erteilte in seinem Schreiben an Robert von Keudell seinen Auftrag an das Justizministerium zur Prüfung seiner Ansicht und die anschließende Veröffentlichung des Ergebnisses in der Zeitung.
Am 21. Oktober sprach er sich in einem Diktat gegen die Anordnung in Schleswig-Holstein aus, »die Militärpflichtigen der letztvergangenen Jahre bis zum Alter von 24 nachträglich« heranzuziehen.[102] Militärisch sei dies eine geeignete Idee, politisch aber – so Bismarck – nicht mehr zeitgemäß. Es spräche vor allem dagegen, dass sich die jungen Männer in diesem Alter bereits geschäftlich etabliert und verheiratet hätten und aus den festen Verhältnissen gerissen würden. Dies Verfahren könnte sich wahrscheinlich negativ auf die Abstimmung in Nordschleswig auswirken, wo eine dreijährige Wehrpflicht beschlossen worden war und viele junge Männer nach Dänemark flüchteten, um dieser Pflicht zu entkommen. Sie hatten mit harten Konsequenzen zu rechnen, die sogar eine Ausweisung aus dem Landesteil bedeuten konnten.
In weiteren Diktaten unterschiedlicher Länge ging Otto von Bismarck auf die Rückkehr französischer Truppen aus Mexiko oder den Vertrag zwischen Preußen und Sachsen ein. Darin fehlten nach seiner Auffassung zwei wesentliche Punkte wie die Bestimmung, das der »Präsensstand der sächsischen Truppen« vom preußischen König abhinge oder das Recht Preußens, jederzeit »in Sachsen einrücken und Besatzung halten zu können.«[103] Diese zwei Fragen wollte er nun in Absprache mit dem sächsischen Kriegsminister von Fabrice in der Bundesverfassung als allgemeine Bestimmung durchsetzen. Der besagte Vertrag wurde am 23. Oktober abgeschlossen und bedeutete für Bismarck »eine wahre Herzstärkung«.
Drei Tage später stellte Otto von Bismarck fest, dass ihm die »Braß'schen Korrespondenzen« aus den neuen Provinzen nicht gefallen. Diese würden eine antipreußische Stimmung erzeugen und verbreiten, weil dies mit der regelmäßigen Veröffentlichung in der Zeitung »an die große Glocke« gehängt würde. Er schlug in seinem Diktat vor, diese eher als »junkerhaftes Idiotentum einzelner abgelegter Hofschranzen« zu behandeln.[104] Bismarck zeigte sich davon überzeugt, dass die amtlichen Berichte über verschiedene Angelegenheiten nicht von der Presse veröffentlicht werden sollten, weil auch das Ausland davon Wind bekäme und sich ein eigenes Urteil bilden würde. Die Kritik an dem Redakteur August Braß zog sich durch weitere Diktate dieser Tage. Die Äußerungen des Journalisten tat er als »theoretische

102 Dass. S. 321 f. Die von Keudell veröffentlichten Briefe sind jeweils eine Mischung aus Bismarcks geäußerten Meinungen, die seine Frau aufschreibt und den von ihr geschilderten persönlichen Umständen ihres Mannes. Immer wieder fließen Anmerkungen zu seinem Gesundheitszustand ein, werden Ausführungen zu den Gastgebern oder dem allgemeinen Tagesablauf gemacht.

103 Dass. S. 321 ff.

104 Dass. S 324 ff.

Kopfflechtereien« ab, die Texte wären in einem »zänkischen Ton« verfasst und mit »nackten Theorien« versehen. Besonders diese Textstellen in den Bismarck'schen Ausführungen machen deutlich, wie sehr er unter der Freiheit des Pressewortes litt. Den Alltag in Putbus zwischen Kur und Diktaten brachte eine Entscheidung in Berlin wieder einmal durcheinander. Der preußische König beauftragte in Bismarcks Abwesenheit Karl Friedrich von Savigny, Preußens letzten Bundesgesandten in Frankfurt und Vertrauten Bismarcks, mit der Erarbeitung eines Verfassungsentwurfs für den Norddeutschen Bund. Das brachte Bismarck nicht weniger in Rage und Aufregung, denn er befürchtete, dass bei der Erörterung von Verfassungsfragen sich die Königin einmischen und zu störenden Meinungsbildungen führen könnte. Anfang November erging der Auftrag durch eine königliche Kabinettsorder. Das erklärt, warum in den folgenden Tagen weitere Diktate in umfänglicher Form folgten. Bismarck war bereits hier bemüht, unliebsame Mitarbeiter wie Savigny auszuschalten, indem er sie nicht weiter zur Bearbeitung ausstehender Aufgaben heranzog. Vielmehr setzte er auf andere Ideen wie die der Verbündeten Wagner und Bucher, die beispielsweise wie er eine Parlamentsherrschaft ablehnten. Man fragt sich an dieser Stelle, wie es Bismarck in seinem Gesundheitszustand schaffte, so schnell wieder einen klaren, berechnenden Kopf zu bekommen? Eine Antwort mag die Selbsteinschätzung sein, die er einst gegeben hat: »... meine Härte ist angelernt. Ich bin ganz Nerven, und zwar derartig, dass Selbstbeherrschung die einzige Aufgabe meines Lebens gewesen ist, und noch ist.«[105] Gerade in schwierigen Situationen, egal ob in einer Auseinandersetzung mit dem König, dem Parlament oder in Kriegen, suchte er förmlich die Herausforderung und blühte als Kämpfernatur in ihr auf. Ähnlich mögen sich diese kritischen Nachrichten aus dem 300 Kilometer entfernten Berlin ausgewirkt haben.

Im Folgenden werden die Diktate mit den Textstellen in der Verfassung des Norddeutschen Bundes verglichen, um den Anteil der ideenreichen Kurtage auf der Insel Rügen zu ermitteln. Wichtig war Bismarck von vornherein, bei der Gestaltung des Bundes an frühere, bekannte Formen und Verfahren festzuhalten, um die Widerstände und »Professorenstreitigkeiten« zu minimieren.

---

105 PERREY 1998. S. 6.

Otto von Bismarck mit Lothar Bucher in einer Arbeitsphase, die weit nach der Entstehung des Verfassungstextes für den Norddeutschen Bund festgehalten wurde. Bucher war der aktivste Mitarbeiter, der bei der Vorbereitung der Verhandlungen über die Verfassung entscheidend mitwirkte. Zeichnung um 1890

Textvergleich: Diktate und Verfassung

Putbusser Diktate (1866)	*Verfassung des Norddeutschen Bundes (1867)*
Diktat vom 24.10. Bismarck bestimmt, dass »… der Präsenzstand der sächsischen Truppen von unserem König jeder Zeit abhängt.«	Artikel 63 »Die gesamte Landmacht des Bundes wird ein einheitliches Heer bilden, welches in Krieg und Frieden unter dem Befehle Seiner Majestät des Königs von Preußen als Bundesfeldherrn steht… Der Bundesfeldherr bestimmt den Präsenzstand …«
Bismarck fordert , dass »… wir jeder Zeit in Sachsen einrücken und Besatzung halten können.«	Artikel 68 »Der Bundesfeldherr kann, wenn die öffentliche Sicherheit in dem Bundesgebiete bedroht ist, einen jeden Teil desselben in Kriegszustand erklären.«

Diktat vom 30.10.
»Man wird sich in der Form mehr an den Staatenbund halten müssen, diesem aber praktisch die Natur des Bundesstaates geben mit elastischen, unscheinbaren, aber weitgreifenden Ausdrücken.«

Artikel 2
»Innerhalb dieses Bundesgebietes übt der Bund das Recht der Gesetzgebung nach Maßgabe des Inhalts dieser Verfassung und mit der Wirkung aus, dass die Bundesgesetze den Landesgesetzen vorgehen.«

»Als Zentralbehörde wird daher nicht ein Ministerium, sondern ein Bundestag fungieren, bei dem wir, wie ich glaube, gute Geschäfte machen.«

Artikel 6
»Der Bundesrat besteht aus den Vertretern der Mitglieder des Bundes, unter welchen die Stimmführung sich nach Maßgabe der Vorschriften für das Plenum des ehemaligen Deutschen Bundes verteilt, so dass Preußen … 17 Stimmen führt.«

Bismarck erklärt, dass das vor dem Krieg gegebene Versprechen eingelöst wird, »dass Bundesgesetze durch Übereinstimmung der Majorität des Bundestages mit der der Volksvertretung entstehen.«

Artikel 5
»Die Bundesgesetzgebung wird ausgeübt durch den Bundesrat und den Reichstag. Die Übereinstimmung der Mehrheitsbeschlüsse beider Versammlungen ist zu einem Bundesgesetze erforderlich und ausreichend.«

»Die Zentralstellen für Handel, Zölle, Eisenbahnen usw. werden meines Erachtens am besten durch Fachkommissionen von 3 bis 5 Mitgliedern, ernannt von den Regierungen ausgefüllt werden.«

Artikel 8
»Der Bundesrat bildet aus seiner Mitte dauernde Ausschüsse …
In jedem dieser Ausschüsse werden außer dem Präsidium mindestens zwei Bundesstaaten vertreten sein, und führt innerhalb derselben jeder Staat nur Eine Stimme.«

Bismarck schlägt vor, »die Mitglieder einer alleinigen Versammlung aus verschiedenen Wahlprozessen hervorgehen zu lassen, etwa die Hälfte von den hundert Höchstbesteuerten der auf 200.000 Einwohner zu erweiternden Wahlbezirke wählen zu lassen und die andere Hälfte in direkten Urwahlen.«

Artikel 20
»Der Reichstag geht aus allgemeinen und direkten Wahlen mit geheimer Abstimmung hervor, welche bis zum Erlass eines Reichswahlgesetzes nach Maßgabe des Gesetzes zu erfolgen haben, auf Grund dessen der erste Reichstag des Norddeutschen Bundes gewählt worden ist.«

»Die Hauptsache ist mir: keine Diäten, keine Wahlmänner, kein Zensus.«

Artikel 32
»Die Mitglieder des Reichstages dürfen als solche keine Besoldung oder Entschädigung beziehen.«

Diktat vom 14.11.
Aufnahme von Berechtigungen für den König als Bundesfeldherrn:

1. »Die präsente Kopfzahl zu bestimmen, soweit solches nicht allgemein gesetzlich festgestellt ist; also keine Augmentationen /Vergrößerung – d.A./ ohne Einverständnis des Bundesfeldherrn.
2. Das Recht, alle Bundestruppen, ohne Rücksicht auf die inneren Landesgrenzen, nach Bedürfnis zu deslociren. /stationieren – d.A./
3. Beliebige Teile des Bundesgebietes bei äußerer und innerer Gefahr in Kriegszustand zu erklären, womit dann alle Autorität auf die Militärbefehlshaber übergeht.
4. Gegen solche Bundesglieder, welche ihre militärischen Pflichten nicht vollständig und rechtzeitig erfüllen, die Exekution im Namen des Bundes sofort zu vollstrecken.«

Artikel 63
»Der Bundesfeldherr hat die Pflicht und das Recht, dafür Sorge zu tragen, dass innerhalb des Bundesheeres alle Truppenteile vollzählig und kriegstüchtig vorhanden sind und dass Einheit in der Organisation und Formation, in Bewaffnung und Kommando, in der Ausbildung der Mannschaften, sowie in der Qualifikation der Offiziere hergestellt und erhalten wird. Zu diesem Behufe ist der Bundesfeldherr berechtigt, sich jederzeit durch Inspektionen von der Verfassung der einzelnen Kontingente zu überzeugen …
Der Bundesfeldherr bestimmt den Präsenzstand, die Gliederung und Einteilung der Kontingente der Bundesarmee, sowie die Organisation der Landwehr, und hat das Recht, innerhalb des Bundesgebietes die Garnisonen zu bestimmen, sowie die kriegsbereite Aufstellung eines jeden Teils der Bundesarmee anzuordnen …«

»in allen militärischen Fragen die Zustimmung des Bundesfeldherrn« erforderlich	Artikel 64 »Alle Bundestruppen sind verpflichtet, den Befehlen des Bundesfeldherrn unbedingte Folge zu leisten …«
»zur Verfassungsänderung zwei Drittel der Stimmen erforderlich«	Artikel 78 »Veränderungen der Verfassung erfolgen im Wege der Gesetzgebung, jedoch ist zu denselben im Bundesrathe eine Mehrheit von zwei Dritteln der vertretenen Stimmen erforderlich.«
»Zweikammersystem … auf die Bundesverhältnisse nicht … anwendbar«	Artikel 28 »Der Reichstag beschließt nach absoluter Stimmenmehrheit. Zur Gültigkeit der Beschlussfassung ist die Anwesenheit der Mehrheit der gesetzlichen Anzahl der Mitglieder erforderlich.«
»Einzelne Attributionen der Exekutivgewalt, die bisher von der Bundesversammlung geübt wurden, müssten allerdings schon jetzt auf unsern König als Oberfeldherrn- und Präsidial-Macht übergehen.	Artikel 63 »Die gesamte Landmacht des Bundes wird ein einheitliches Heer bilden, welches in Krieg und Frieden unter dem Befehle Seiner Majestät des Königs von Preußen als Bundesfeldherrn steht.«

Diktat vom 21.11.
»Bestimmung aufzunehmen, durch welche ein allgemeines und gemeinsames Indigenat /Staatsbürgerschaft – d.A./ jedes Norddeutschen in jedem einzelnen Bundesstaate festgestellt wird; sodass beispielsweise ein Sachse in preußischen Dienst treten kann, ohne besonders naturalisiert zu werden und ohne einer Erlaubnis der sächsischen Regierung zu bedürfen und umgekehrt ...«

Artikel 3
»Für den ganzen Umfang des Bundesgebietes besteht ein gemeinsames Indigenat mit der Wirkung, dass der Angehörige (Untertan, Staatsbürger) eines jeden Bundesstaates in jedem andern Bundesstaate als Inländer zu behandeln und demgemäß zum festen Wohnsitz, zum Gewerbebetriebe, zu öffentlichen Ämtern, zur Erwerbung von Grundstücken, zur Erlangung des Staatsbürgerrechts und zum Genuss aller sonstigen bürgerlichen Rechte unter denselben Voraussetzungen wie der Einheimische zuzulassen ...«

Diktat vom 28.11.
Bismarck will die Bestimmung aufnehmen, »nach welcher Vergehen gegen die Sicherheit und den Bestand des Bundes, sowie Erregungen von Hass und Verachtung gegen die Einrichtungen derselben im ganzen Gebiete des Bundes ebenso bestraft werden, wie die gleichen Vergehen gegen die unmittelbare Landesherrschaft und deren Interessen.«

Artikel 74
»Jedes Unternehmen gegen die Existenz, die Integrität, die Sicherheit oder die Verfassung des Norddeutschen Bundes, endlich die Beleidigung des Bundesrates, des Reichstages, eines Mitgliedes des Bundesrates oder des Reichstages, einer Behörde oder eines öffentlichen Beamten des Bundes, während dieselben in der Ausübung ihres Berufes begriffen sind oder in Beziehung auf ihren Beruf, durch Wort, Schrift, Druck, Zeichen, bildliche oder andere Darstellung, werden in den einzelnen Bundesstaaten beurteilt und bestraft nach Maßgabe der in den letzteren bestehenden oder künftig in Wirksamkeit tretenden Gesetze, nach welchen eine gleiche gegen den einzelnen Bundesstaat, seine Verfassung, seine Kammern oder Stände, seine Kammer- oder Ständemitglieder, seine Behörden und Beamten begangene Handlung zu richten war.«

Bismarck wies in seinen Diktaten immer wieder darauf hin, dass seine Ideen in »Anlehnung an das Hergebrachte« zu denken sind. Die beteiligten Regierungen und deren Mitarbeiter würden sich leichter fügen, wenn sie etwas Gewohntes und damit fast Selbstverständliches zu bearbeiten, zu entscheiden oder zuzustimmen hätten.

Bei der Analyse der Diktate und deren Umsetzung in der Verfassung fällt auf, dass sich Otto von Bismarck auf folgende Schwerpunkte konzentrierte, die er in Putbus näher durchdacht hatte:

1. Nach außen sollte das neu zu gründende Gebilde die Form eines »Staatenbundes« erhalten, die einem Bundesstaat ähnelte. Damit dachte Bismarck natürlich an die spätere Einbeziehung der süddeutschen Staaten, die sich nicht zentralistisch regieren lassen wollten. Er versprach sich davon eine bessere Grundlage für spätere Beitrittsverhandlungen.
2. Der Bundestag trug in dem Entwurf bereits den Namen »Reichstag« und sollte aus verschiedenen Wahlprozessen hervorgehen und nicht mehr aus zwei Kammern bestehen, da die Schwerfälligkeit bisheriger Strukturen dagegen sprach. Neben direkten Urwahlen für eine Hälfte der Reichstagsmitglieder sollte die zweite Hälfte von den 100 Höchstbesteuerten bestimmt werden, die aus Wahlbezirken mit 200.000 Einwohnern kamen.
3. Einen zentralen Punkt bildete die Stellung des preußischen Königs als Bundesfeldherr, der mit allen militärischen Rechten ausgestattet wurde, wozu unter anderem die Erklärung des Kriegszustandes bei innerer und äußerer Gefahr, die Präsenzstärke des Heeres oder die räumliche Verteilung der Truppen usw. gehörten. Unabhängig davon sollte der König zugleich an der Spitze des Bundes stehen.
4. Thematisiert wurde außerdem das so genannte »Indigenat« aller Norddeutschen in dem einzelnen Bundesstaat. Mit der Aufnahme eines Artikels zur Gleichbehandlung aller Staatsbürger stärkte man die Bürgerrechte der Menschen in dem neuen Staatengebilde.
5. Schließlich bedachte Bismarck gesetzliche Bestimmungen für den Fall, dass man gegen die Sicherheit und den Bestand des Bundes verstieß oder dessen Einrichtungen angriff bzw. beleidigte.
6. Eine wesentliche Frage beschäftigte den Politiker in Putbus – die Zahlung der Diäten. Er entschied sich dazu, in den Verfassungstext aufzunehmen, dass es keine Diäten für Reichstagsmitglieder sowie keine Wahlmänner und keinen Zensus geben sollte. Damit setzte er schon damals ein entscheidendes Zeichen, auch wenn nicht alle Forderungen umgesetzt wurden. In dem Artikel 32 der Verfassung heißt es dazu: »Die Mitglieder des Reichstages dürfen als solche keine Besoldung oder Entschädigung beziehen.«

7. In der Verfassung findet sich Bismarcks Grundkonzeption, die er nach 1862 verfolgte. Eberhard Kolb arbeitete in seinem Werk zwei wesentliche Elemente heraus: Zuerst dachte Bismarck »ganz vom Staat her, von seinem Staat her, dem preußischen Staat.«[106] Das bedeute, dass sein Antrieb und die gefundenen Leitlinien zunächst nicht aus deutschem Nationalgefühl, sondern vom preußischen Staatsbewusstsein herrühren. Zweitens verstand er Preußen als europäische Großmacht und erst in zweiter Linie als Mitgliedsstaat des Deutschen Bundes.

Gegen Ende der Kur arbeitete Bismarck mit Hochdruck an den Textstellen der Verfassung. In ihrem Brief vom 25. November schrieb Johanna von Bismarck, dass er ihr 10 Seiten an Thile diktiert hatte, »die sehr eilig geschrieben und nicht mehr durchgelesen wurden, damit der Kanzleidiener sie schnell bekäme.«[107] Diese Eile setzte sich fort, als die Bismarcks wieder in Berlin weilten. Wie Keudell berichtete, waren die Tage bis zu dem Treffen der Bevollmächtigten der norddeutschen Staaten am 15. Dezember 1866 sehr stark von Arbeit geprägt, da es bis zum Vormittag des 13. Dezember noch keine Vorlage für einen zu beratenden Verfassungsentwurf gab. »Mit der fürstlichen Gelassenheit, welche das Bewusstsein, über unbeschränkte Hilfsquellen zu verfügen, verleihen mag, begann Bismarck erst am 13. nachmittags die ersten, wichtigsten Abschnitte des Entwurfs, nämlich über den Bundesrat, das Präsidium und den Reichstag zu diktieren.«[108]

Die schriftlichen Arbeiten von der stenografischen Aufnahme des Diktierten bis zu den Anweisungen zur weiteren Ausarbeitung übernahm Bucher, der in der Nacht vom 13. zum 14. Dezember den Verfassungsentwurf anfertigte. Wie schnell damals schon alles verlief, merkt man daran, dass die Vorlage nach ihrer Genehmigung des Kronrates unter Leitung des preußischen Königs am Nachmittag des 14. schon in der Nacht gedruckt wurde, um diese am 15. Dezember druckfrisch für die Gäste der anderen Länder parat zu haben. Die Bevollmächtigten der 22 verbündeten Regierungen konnten den Entwurf pünktlich begutachten. Eine Meisterleistung lag förmlich hinter dem Sekretär Bucher, da aus Bismarcks Diktaten und den Zuarbeiten der einzelnen Ministerien ein Gesamtwerk erstellt werden musste.

Die Bevollmächtigten hatten zum Teil erhebliche Bedenken, mal wünschten sie sich mehr Föderalismus, mal einen stärkeren Einheitsstaat. Bismarck nahm 18 Änderungsanträge an, die die Grundstruktur nicht anrührten, und die Bevollmächtigten stimmten im Februar 1867 zu. Dieser Entwurf war dann ein gemeinsames Verfassungsangebot der verbündeten Regierungen. Der weitaus größere Gegenwind aus dem politischen Berlin, den Otto von Bismarck auf Rügen nur aus den Zeitungen

106 KOLB 2009. S. 16-17. Weitere Ausführungen zu Bismarcks Politik machte der Autor in seinem Aufsatz »Großpreußen oder Kleindeutschland? Zu Bismarcks deutscher Politik im Reichsgründungsjahrzehnt« KOLB 1992. S. 11–36.

107 KEUDELL 1901. S. 340.

108 Dass. S. 343.

sowie aus Briefen erahnen konnte, kam kurz nach seiner Rückkehr in die Hauptstadt wieder voll zum Tragen. Die erwartete Kritik der Liberalen zu dem vorgelegten Verfassungsentwurf blieb nicht aus. Der Autor einer Flugschrift bezeichnete ihn als eine Manifestation des »Militärstaats Preußen«, wenn auch hoffentlich die letzte. Der sich im Sommer 1866 abzeichnende staatspolitische Streit um die Verfassung wurde in diesen Tagen fortgeführt und beschäftigte sich beispielsweise mit dem fragwürdigen Verhältnis der Monarchie zu den Parteien und dem Reichstag an sich. Gerade in der Frage von Krieg und Frieden oder in dem Punkt des Militärhaushaltes wurden dem preußischen König uneingeschränkte Befugnisse eingeräumt, die eigentlich nur einem absoluten Monarchen zustünden, kritisierte man. In einer angestrebten Volksherrschaft aber könne dies nicht einfach hingenommen werden. Man wollte sich nicht mit einem »Redeübungsverein für Volksvertreter« zufrieden geben, wie ein anonymer Autor in seiner Broschüre meinte. Diese veröffentlichte er mit der zentralen Frage »Annehmen oder ablehnen?« in der Zeit der Verhandlungen zur Verfassung im Frühjahr 1867.
Kritische Worte kamen auch von den Journalisten der National-Zeitung, die unter anderem das Verhältnis der Einzelstaaten zum neuen Bundesstaat, die Nichtgewährung von Diäten, die Einschränkung des passiven Wahlrechts für Beamte, die Planung eines »Normaletats« für das Militär oder das Fehlen einer verantwortlichen Regierung kritisierten. Bismarcks Zeitgenossen bewerteten die Verfassung des Norddeutschen Bundes und den damit verbundenen Veränderungen als »Laboratorium der Moderne« und legten sich in der Einschätzung seiner Politik nicht fest. Die Spannbreite der Meinungen reichte »von der Vorstellung eines bei aller Flexibilität nach wie vor unbeugsamen und prinzipienfesten Verteidigers der politischen und gesellschaftlichen Grundlagen der Ordnung Alteuropas bis hin zu dem Bild des machiavellistischen Zerstörers aller Überlieferung, aller Ordnungen und Werte der Vergangenheit, des Revolutionärs ohne Ethos und ohne Überzeugung.«[109]
Aus heutiger Sicht betrachtet, blieb Bismarck seinen Maximen treu, in dem er solche Forderungen wie die nach garantierten Bürgerrechten, einer unabhängigen Justiz, das Recht auf Erhebung direkter Steuern oder nach Immunität für Reichstagsabgeordnete auch außerhalb der Kammer nicht verfassungsmäßig aufnahm. Ebenso blieben in Nachverhandlungen ein verantwortliches Kabinett und eine Vergütung der Abgeordneten bloße Idee der Kritiker. Vielmehr sicherte sich Bismarck seine persönliche Macht, indem er beispielsweise die Personalunion der Spitzenposten des preußischen Ministerpräsidenten und des Bundeskanzlers festschrieb. Damit habe er die Verfassung »für sich selbst entworfen«, wie der amerikanische Historiker Jonathan Steinberg in seiner Bismarck-Biografie meint. Das verwundert nicht, denn eine so herausragende Rolle wie die des Urpreußen Bismarck konnte nur durch ihn selbst besetzt werden, denn er war gewissermaßen das »Zentralgestirn

109 GALL 1980. S. 112.

des politischen Kosmos des deutschen Bundesstaates.«[110] In der Verfassungsdebatte ergaben sich verschiedene Änderungen des von Bismarck vorgelegten Entwurfs, von denen die wesentlichen hier wiedergegeben werden: Zunächst wurde aus der Institution »Bundespräsidium« kein »Bundesmonarch«, wodurch man die Rolle des Königs geschwächt hat. Grundrechtsgarantien für die Bürger des neuen Staatenbundes wurden nicht eingefügt. Dafür stärkten die Männer um Rudolf von Bennigsen die Verantwortlichkeit und damit zugleich die Bedeutung des Bundeskanzlers. Bismarck setzte sich mit dem Verbot von Diäten durch; also mit einer Idee, die in Putbus gereift war. Im Gegenzug ließ er sich gefallen, dass Beamte auch wählbar sein sollten. Schließlich konnte die Stellung des Reichstages verbessert werden, indem man dessen zentrale Kompetenz zur Gesetzgebung in den Bereichen Justiz und Finanzen erweiterte. Mit diesen Kompromissen konnten die Beteiligten – so entschleßen sich die Ausführungen der Beteiligten – mehr oder weniger leben. Für Otto von Bismarck bedeuteten sie das kleinere Übel, da seine große Idee eines gestärkten Preußens mit einem starken König, der nach alter Tradition die Gewalt über das Militär hatte, in greifbare Nähe gerückt war. [111]

Am 24. Februar 1867 vereinigten sich schließlich die norddeutschen Staaten unter preußischer Führung zum Norddeutschen Bund und eröffneten den verfassungsgebenden Reichstag, der die neue Bundesverfassung nach zwei Monate langen hitzigen Debatten im April 1867 mit 230 gegen 53 Stimmen annahm. Bismarcks Entwurf war in verschiedenen Punkten geändert worden. Der Reichstag verstärkte seine eigene Position und die Funktion des Bundeskanzlers wurde nochmals herausgestellt. Der Kanzler sollte die Anordnungen des Bundespräsidiums gegenzeichnen und übernahm dadurch die gewünschte Verantwortung. Der Bundeskanzler wurde schließlich zu einem selbstständigen Bundesorgan erhoben. Dem König von Preußen stand das Präsidium des Bundes zu, auf einen Titel wie »Kaiser« verzichtete man. Ihm unterstellt war der Bundeskanzler, der die Exekutive des Bundes leitete. Die einzelnen Staaten des Bundes entsandten »Bevollmächtigte zum Bundesrat«, in dem Preußen dominierte und mit 17 von 43 Stimmen ein Vetorecht hatte. Der Bundesrat übte zusammen mit dem Reichstag, der aus allgemeinen und direkten Wahlen hervorging, das Gesetzgebungsrecht einschließlich der Haushaltsbewilligung aus. All das waren Änderungen, die Bismarcks Erfolg nicht schmälerten. Jonathan Steinberg kommentiert diesen Sieg und den Fakt, dass die Bundesverfassung im Jahr 1871 fast nahezu wörtlich zur Verfassung des neuen Deutschen Reiches wurde: »Das neue Deutschland behielt alle negativen Eigenschaften als preußischer Halbabsolutismus bei und legte die Hebel, mit denen gesteuert werden konnte, in Bismarcks Hände.« [112]

---

110 STEINBERG 2012. S. 102.
111 NIPPERDEY 1995. S. 43 ff.
112 STEINBERG 2012. S. 372.

In seinem Lebensbild schätzt Erich Marcks Bismarcks Rolle in dem Verfassungsverfahren ein. Er meinte, dass dieses ganz Bismarck wäre: »nicht Logik, sondern Wirklichkeit und Wille, es war die eigentliche Formel der neuen Zeit, die von den Dingen ausging und sie dennoch neuordnete, anstatt von den großen geistigen Konstruktionen, denen das Deutschland von 1810 und 1848 die Dinge unterzuordnen getrachtet hatte.«[113] Bismarck als Pragmatiker zu verstehen, kommt aktuellen wissenschaftlichen Bewertungen, die sich neuerdings mit dieser Funktion beschäftigen, sehr nahe. So beschreibt zum Beispiel Epkenhans in seinem Tagungsbeitrag die »Entwicklung Bismarcks vom aristokratisch geprägten Agrarier zum umfassend interessierten und in Verfolgung seiner Interessen ebenso weitsichtig wie pragmatisch agierenden Wirtschaftspolitiker in der Phase des Übergangs von der Ständegesellschaft zur Klassengesellschaft.«[114]

113 MARCKS 1913. S. 101.
114 EPKENHANS 2013. S. 229 ff.

9. Beziehungen zum Fürstenhaus zu Putbus

»Ich segne Fürst Putbus tausend Mal, der unsere Not erfahren, schleunig herüber kam und darauf bestand, dass wir in ein allerliebstes Gartenhaus übersiedeln mussten …«

Nach der Einladung des Fürsten zu Putbus, der sehr herzlichen Fürsorge durch die Fürstin und der erfolgreichen Kur auf Rügen entwickelte sich eine engere Beziehung zwischen den Familien Putbus und Bismarck. Johanna von Bismarck schrieb über den Beginn der in Putbus geschlossenen Freundschaft an Robert von Keudell: »Ich segne Fürst Putbus tausend Mal, der unsere Not erfahren, schleunig herüber kam und darauf bestand, dass wir in ein allerliebstes Gartenhaus übersiedeln mussten, wo er mit seiner Familie gewohnt, nachdem das Schloss abgebrannt war …«[115] Die Gastfreundschaft der fürstlichen Familie kannte in diesen Tagen keine Grenzen.
An einigen Lebensstationen des Fürsten zu Putbus soll nachgezeichnet werden, wie sich die Beziehungen zwischen beiden Familien weiter entwickelten.
Wilhelm Fürst zu Putbus (1833-1907) war Sohn des Generals Friedrich Graf von Wylich und Lottum und Clotilde zu Putbus. Er trat nach dem Tod seiner Großeltern im Jahr 1854 bzw. 1860 in die Fußstapfen seines Großvaters Wilhelm Malte. Drei Jahre zuvor heiratete er Wanda von Veltheim (1837-1867). Der Putbusser Fürst spielte im politischen Leben des preußischen Staates eine aktive Rolle, da er verschiedene Funktionen seines Vorgängers übernahm. Er war seit 1863 erbliches Mitglied des preußischen Herrenhauses und von 1869 bis 1873 dessen 1. Vizepräsident, Erblandmarschall von Rügen sowie Oberst-Truchseß an der Seite der preußischen Könige. Diese verschiedenen Aufgaben brachten es mit sich, dass Fürst zu Putbus sich für seine Residenz und die Insel Rügen in besonderer Weise einbringen konnte. Dabei half ihm der engere Kontakt zu Bismarck auf der politischen Bühne Preußens. Blicken wir auf einige Beispiele.

Bau der Nordbahn

Die Infrastruktur lag den Putbusser Fürsten immer am Herzen, denn ihre Beziehungen zum preußischen Königshaus erforderten eine schnelle Verbindung zwischen Rügen und Berlin. Zugleich brachte die fürstliche Idee einer Insel als Standort für die Erholung der hohen Herrschaften des Landes die Notwendigkeit mit sich, verschiedene Verkehrsprojekte zu fördern. Mit dem zunehmenden Bestreben, an der See Urlaub zu machen, Wirtschaftgüter zu transportieren und Personen zu befördern, bestand erneut ein größerer Bedarf. Für Putbus bedeutete das beispielsweise über die Anlage eines Hafens in Lauterbach, den Bau einer Kleinbahn zwischen Putbus und den Ostseebädern oder den Anschluss der Insel an das Streckennetz der Bahn nachzudenken. Alle drei Vorhaben wurden zu Lebzeiten des Fürsten zu Putbus realisiert.

115 KEUDELL 1901. S. 315.

Mit einem Trajektschiff wurden zu Bismarcks Zeiten die Eisenbahnwagen von Stralsund nach Altefähr auf Rügen transportiert. Erst mit der Fertigstellung des Rügendammes im Jahr 1936/1937 entfiel diese Form der Fährverbindung und bedeutete für die Bahnreisenden zugleich eine Verkürzung der gesamten Reisezeit von Berlin nach Rügen und weiter nach Skandinavien. Fotografie um 1920.

Das Projekt einer Bahnverbindung zwischen Berlin und Stralsund wurde von Stralsunder Kaufleuten und Unternehmern bereits in den 1840er Jahren vorangetrieben. In einem Konzept des Jahres 1869 sollte die Verbindung von Berlin über Stralsund bis nach Arkona im Norden von Rügen führen. Jetzt mischte sich der Putbusser Fürst ein und wollte sich wie in anderen Aktiengesellschaften auf Rügen engagieren. Die Nordbahn von Berlin über Neubrandenburg nach Stralsund wurde von Fürst Wilhelm zusammen mit dem Prinzen Gustav Biron von Kurland und einigen anderen Herren mit einem Aktienkapital von 37,5 Millionen Mark im Jahr 1870 gegründet. Doch erst Ende 1871 begannen die eigentlichen Bauarbeiten. Drei Jahre später wird, um dem Drängen der Gläubiger zu widerstehen, mit der Staatsregierung wegen einer Übernahme einer Zinsgarantie für eine Anleihe von 15 Millionen Mark verhandelt. Das Abgeordnetenhaus lehnte diese Garantie im Mai 1874 ab, nachdem der Abgeordnete Eduard Lasker in einer großen Rede die Nordbahn als »die hässlichste Gründung« bezeichnet hatte. Er deckte einen Wirtschaftsskandal im Zusammenhang mit dem Wirken der Aktiengesellschaft maßgeblich mit auf und machte sich damit in späteren Verhandlungen vor dem Reichstag zum Gegner Otto von Bismarcks. Die Enthüllung brachte heikle Fakten zu Tage. Lasker machte im Jahr 1873 einen Fall von »Insiderhandel« mit Eisenbahnaktien publik, den Bismarcks Freund Hermann Wagener im Handelsministerium aufgezogen hatte. Er war kein Geringerer als der Chefredakteur der Kreuzzeitung und einer der Ideengeber für den Verfassungstext aus dem Jahr 1866. Das war blamabel. Nicht weniger die Beteiligung der beiden Aktionäre Fürst zu Putbus und Prinz Biron. Sie bekamen Unterstützung vom Innenminister Heinrich Friedrich von Itzenplitz, der die Aktion ohne weiteres duldete. Die Enthüllung zwang die Beteiligten zurückzutreten. Außerdem wurde ein Gesetz verabschiedet, das Staatsbediensteten verbot, sich an kommerziellen Transaktionen zu beteiligen, die mit ihrem Amt im Zusammenhang standen.

Nach weiteren Verhandlungen wegen einer Prioritätsanleihe kam man zu der Überzeugung, dass nur der Übergang der Bahn in das Staatseigentum die Fertigstellung des Unternehmens sichern könne. Am 4. Juni 1875 genehmigte das Abgeordnetenhaus den Gesetzentwurf, welcher die Regierung ermächtigte, die Nordbahn für sechs Millionen Mark anzukaufen. Zwei Jahre danach konnte die erste Teilstrecke der Nordbahn von Berlin-Gesundbrunnen bis Neubrandenburg (133,69 km Länge) eröffnet werden. Es folgte 1877 der zweite Teil von Neubrandenburg nach Demmin mit 42,46 km Länge und im Januar 1878 die 46,3 km lange Schlussstrecke bis nach Stralsund.

Aus einem Briefwechsel zwischen Putbus und Bismarck erfahren wir, wie engagiert sich der Fürst für den Bau der Nordbahn einsetzte und um eine entsprechende Unterstützung des Reichskanzlers warb.

Krieg gegen Frankreich

Nach Ausbruch des Deutsch-Französischen Krieges im Jahr 1870 übernahm Wilhelm zu Putbus als Vertreter des Militärinspekteurs der freiwilligen Krankenpflege im Hauptquartier des Kronprinzen eine wichtige militärische Aufgabe. Er beteiligte sich an den ersten Kämpfen bei Weißenburg und Wörth, nahm an den Schlachten bei Weißenburg, Wörth und Sedan teil und erlebte die Pariser Belagerung bis zu deren Ende. Zuletzt gehörte er zum Stab des Kommandanten Genral von Kamecke und war der einzige deutsche Offizier, der in dienstlichem Auftrag die französische Hauptstadt betrat. Neben dem unzähligen Leid und Elend in den Schlachten um die Reichseinigung konnte er sich schließlich auch über den Erfolg der deutschen Truppen freuen.

In dem Kriegsgetümmel war immer auch Zeit für gemeinsame Essen mit dem Kronprinzen, dem König und nicht zuletzt Bismarck. Nachweislich zählte Fürst zu Putbus an acht Abenden zur Tafel des Kanzlers, wenn wir die Aufzeichnungen des Sekretärs Busch als Quelle heranziehen.[116] Am 6. Oktober 1870 war er zusammen mit dem Präsidenten des Bundeskanzleramtes Delbrück sowie anderen

116 BUSCH 1899 . Buch I. S. 151, 269, 424-425, 451, 455, 494-495, 497-498, 531-533, 573. und Buch II. S. 67, 72, 142.

Aus dem Gartenhaus der fürstlichen Familie wurde in den 1950er Jahren die Konsumgaststätte »Rosencafé«. Zwar zierte noch das Wappen der Familie zu Putbus den Giebel des Gebäudes, die an Bismarcks Besuch erinnernde Tafel an dessen Eingang aber wurde nach Kriegsende entfernt. Heute wird das Haus wieder als privat geführtes Restaurant genutzt. Fotografie 1960.

»Bismarckstein« nennt der Volksmund den Findling in der Nähe des Rosengartens. Eigentlich aber ließ Fürst Wilhelm zu Putbus den Stein im Jahr 1901 »Zur Erinnerung an die große Zeit« des Deutsch-Französischen Krieges 1870/71 und der nachfolgenden Gründung des Deutschen Reiches errichten. Neben Bismarck sind darauf die deutschen Kaiser Wilhelm I. und Friedrich III. sowie die Grafen Roon und Moltke ehrend genannt. Fotografie um 1930.

Herzögen, Fürsten und dem Kronprinzen Bismarcks Gast. »Die Unterhaltung war, wenn der Graf zugegen war, immer lebhaft und mannigfaltig, oft lehrreich in betreff seiner Weise, die Menschen und Dinge aufzunehmen, oder in betreff gewissen Episoden und Auftritte seines vergangenen Lebens.«[117] Die Themen der Abende waren sehr vielseitig. Die Herren behandelten militärische Fragen wie das Bombardement von Paris (23.11.1870), die Möglichkeit, mit der Kenntnis von Staatsgeheimnissen spekulieren zu können (30.11.1870) oder einfach gesundes Essen (8.12.1870).

Fürst zu Putbus brachte sich im November 1870 mit einer Beobachtung in die Gespräche ein. Er berichtete von dem Verhalten eines bayrischen Offiziers, der ein ganzes französisches Dorf niederbrennen und den ganzen Wein auslaufen ließ, »weil die Bauern des Ortes sich verräterisch betragen hätten.«[118] Bismarck lobte aber die »Energie der Bayern« und setzte dagegen: »Man muss die Leute entweder so rücksichtsvoll als möglich behandeln oder unschädlich machen.«[119] Wie tiefgründig sich die beiden Herren nun weiter darüber ausgetauscht haben, können wir nur erahnen, da die vorhandene Quelle lediglich die wichtigsten Gesprächsinhalte wiedergibt, aber nicht, ob man sich tiefgründiger austauschte oder gar über ein Problem stritt. Aus seiner alltäglichen Arbeit als Inspekteur im Sanitätsdienst erzählte Fürst zu Putbus im November 1870, als er Bismarck benachrichtigte, dass man Verwundeten gestatten wollte, nach Paris zurückzukehren, diese es aber ablehnten. Zu Weihnachten dieses Jahres ermunterte er Bismarck und seine Gäste zu einer Spende für die »Leute in den Lazaretten«, die ebenso ihr Weihnachtsfest genießen sollten. Bislang hatte er schon 2.500 Franken gesammelt und wollte nun die Sammelliste auch dem preußischen König und anderen Größen des Staates vorlegen. Das fand Bismarcks Unterstützung.[120]

Interessant im Zusammenhang mit Bismarcks Gesundheit, die dem Fürsten spätestens seit dem Besuch des Ministerpräsidenten auf der Insel Rügen am Herzen lag, ist eine weitere Unterhaltung. Darin meinte zu Putbus, dass das zum Diner gereichte Sauerkraut nicht gesund sei. Bismarck, der vor dem üppigen Mahl »Eierkuchen mit Champignons und Fasan mit Sauerkraut« saß, wollte das nicht glauben und meinte in seiner trockenen Art: »Ich esse es gerade aus Gesundheitsgründen. Aber, Engel, geben Sie uns einen Schnaps dazu.«[121]

Fürst zu Putbus wurde für seine Verdienste im Deutsch-Französischen Krieg schließlich gebührend geehrt: »Neue Auszeichnungen hat er aus diesem Kriege mit-

117 Dass. S. 269.
118 Dass. S. 424.
119 Dass. S. 425.
120 Die gesammelte Summe entsprach ungefähr einem Betrag von 6.250 Talern. Über das Ergebnis der angeschobenen Aktion liegen keine Erkenntnisse vor.
121 Dass. S. 494.

gebracht, außer einem bayrischen, württembergischen und mecklenburgischen Orden vor allem das Eiserne Kreuz«, heißt es in einem ehrenden Lebensbild, das nach dem Tod des Fürsten veröffentlicht wurde.[122]

Deutsche Reichseinigung

Fürst Wilhelm zu Putbus fehlte nicht bei großen Staatsereignissen, wie zum Beispiel bei der Verkündung der Deutschen Reichseinigung im Januar 1871 in Versailles. Der Staats-Anzeiger berichtete in seinem Beitrag »Die feierliche Verkündigung des Deutschen Kaisertums in Versailles« von dem festlichen Akt, den zahlreichen hochkarätigen Gästen:

»Der König nahm in der Mitte vor dem Altar Aufstellung, im Halbkreise um Se. Majestät die Prinzen und Fürsten; der Kronprinz, Prinz Carl und Adalbert von Preußen, der Kronprinz und Prinz Georg von Sachsen, [...] die Fürsten von Wied, Putbus, Lynar, Pleß, die Prinzen von Reuß, Croy, Biron von Kurland. Hinter den Fürsten und ihnen zur Seite standen die Generale und Minister. An der Spitze des linken Flügels der Bundeskanzler und der Haus-Minister Freiherr von Schleinitz, rechts Staats-Minister Delbrück ...«[123]

In der Aufzählung finden wir den Putbusser Fürsten an vorderster Stelle, was seine Bedeutung im preußischen Staat und am Hofe des Königs belegt. Die engen Beziehungen zwischen der Familie zu Putbus und dem preußischen Königshaus bahnten sich bereits an, als Prinz Friedrich Wilhelm im Sommer 1860 nach Putbus reiste, um seine Gemahlin Viktoria »in die Sommerfrische zu bringen.« Friedrich Marcks beleuchtete in seiner Schulrede »Fürst Wilhelm zu Putbus und das preußische Königshaus« vor allem die Zeit zwischen 1862 und 1871 und die darin entstandene tiefe Freundschaft zwischen dem Haus Putbus und der preußischen Königsfamilie.

Im Jahr 1865 verbesserte sich die Stellung des Putbusser Fürsten entscheidend, denn König Wilhelm ernannte ihn zu seinem Oberst-Truchseß. Das war eines der vier höchsten Hofämter, die vergeben wurden. Es verwundert also nicht, dass der Putbusser bei allen wichtigen Anlässen mit zu den ersten Persönlichkeiten des Hofes gehörte.

122 LOEBE 1907. S. 8.
123 Staats-Anzeiger 1871.

Das Kriegerdenkmal auf dem Marktplatz des Ortes wurde 1885 von engagierten B¸rgern errichtet. Es erinnert an die Soldaten der Grafschaft Putbus, die in den Kriegen 1864, 1866 und 1870/71 zu erinnern. Fotografie um 1930.

Nachwort

»Das einfachste Hausmittel ist,
sich krank zu melden, und die Türe zu schließen.«

Zwölf Jahre nach der Auszeit auf Rügen musste Otto von Bismarck wieder einmal pausieren. Dazu zog er sich auf sein Lieblingsgut Varzin in Ostpommern zurück. Von hier aus lenkte er ähnlich aktiv wie in Putbus die politischen Angelegenheiten in Berlin wie etwa die Einführung neuer Steuern oder die Vorbereitung des Berliner Kongresses im Sommer 1878. Hier fand er auch Zeit, über die Anstrengungen der zurückliegenden Jahre nachzudenken. In einem Brief an seinen Staatssekretär Bernhard von Bülow schrieb er im Februar 1878:

»Sie sehen in mir ein Opfer der Überarbeitung, folgen Sie mir auf diesem Wege nicht, und schonen Sie sich aus Freundschaft für mich, denn ich kann nur mit Ihrem Beistande noch weiter arbeiten. Akutes Pflichtgefühl ist eine Krankheit, der bei uns jeder erliegen muss, der ihr nicht wehrt. Ich begreife das aus Erfahrung und wehre mich gegen undankbare Hingabe. Das einfachste Hausmittel ist, sich krank zu melden, und die Türe zu schließen. Hätte ich es nicht oft angewandt, so wäre ich schon viel töter als ich bin.«[124]

Bismarcks kaum bekannter Brief beweist in sehr zeitloser Art, dass er sich ein Rezept zurechtgelegt hatte für einen bewussteren Umgang mit der eigenen Gesundheit. Die Wochen in Putbus und die Empfehlungen seiner Ärzte mögen dafür einen Ausschlag gegeben haben.

Für den kleinen Ort an der Ostsee bleibt in der Öffentlichkeit wenig von dem einstigen Ruhm vergangener Tage. In dem Putbus-Museum wird auf einer Informationstafel über Bismarcks Besuch berichtet. Ein einfaches Schild ersetzt seit wenigen Jahren die zu DDR-Zeiten verschwundene Gedenktafel, die am Eingang des einstigen Gartenhauses an die besonderen Gäste sowie die politische Bedeutung der zwei Monate im Herbst 1866 erinnerte. Schließlich gibt es noch den so genannten Bismarck-Stein gleich in der Nähe des Gartenhauses. Mit ihm wollte der Fürst zu Putbus im Jahr 1901 die Erinnerung an Bismarck und weitere Persönlichkeiten auf dem Weg zur deutschen Reichseinigung festhalten. Nachdem dessen Inschrift in den 1970er Jahren herausgemeißelt worden war, wurde sie gut 20 Jahre später erneut in den Stein gehauen.

124 BUCHNER 1983. S. 123. Bismarck beklagte sich nach seiner Pflichtpause in Putbus bei verschiedenen Gelegenheiten über seine Erschöpfung und allgemeine Altersschwäche. So hörte ihn der amerikanische Gesandte in Berlin, George Bancroft, 1867 klagen, er hätte einen »Nervenbankrott«. Wenige Zeit später konstatierte der gerade einmal 54 Jahre alte Politiker seine »Empfindung des äußersten Greisenalters.« Vgl. ULLRICH 2008. S. 40.

Am wirkungsvollsten aber blieb ein Teil der natürlichen und vom Fürstenhaus gepflegten Kulisse zurück, in der sich Otto von Bismarck so erfolgreich erholen konnte. Der Landschaftspark wartet zwar auf eine bewusst nachhaltige Pflege, aber die natürlichen Schönheiten des südöstlichen Teiles der Insel Rügen haben die sehr wechselvollen Jahrzehnte nach 1866 nicht viel anhaben können. In dem heute zum Biosphärenreservat Südost-Rügen gehörenden Landstrich wird auf den wirksamen Schutz der Natur Wert gelegt, also auf eine grundlegende Voraussetzung für eine Erfolg versprechende Kur der müden Seelen und genervten Menschen.

Danksagung

Für die hilfreiche Unterstützung bei dem Buchvorhaben danke ich Heide Haarländer von der Universitätsbibliothek Rostock.

Zeittafel

Die nachfolgende Zeittafel gibt einen Überblick über Ereignisse in den drei Jahren, in denen Otto von Bismarck Putbus und die Insel Rügen besucht hat.

1838

Nach dem Studium der Rechts- und Staatswissenschaften in Göttingen und Berlin arbeitete von Bismarck von 1836 bis 1838 als Referendar in Berlin, Aachen und Potsdam. 1838 schied er aus dem Staatsdienst aus und bewirtschaftete die väterlichen Güter in Pommern.

Putbus und auf der Insel Rügen	*Berlin und in Deutschland*	*Europa und auf der Welt*
- Fürst Putbus vertritt Preußens König bei Krönung in London - Putbus erhält selbstständige fürstliche Gerichtsbarkeit; - Bau des Jagdschlosses in der Granitz im dritten Jahr	- Preußens erste Eisenbahnlinie wird eröffnet - Gründung der preußischen Rentenversicherungsanstalt	- Krönung der britischen Königin Viktoria in London; - erstes europäisches Dampfschiff erreicht Amerika

1854

Im Jahr 1854 wirkte Bismarck als preußischer Gesandter am Bundestag in Frankfurt am Main. Zu seinen Aufgaben gehörte es in dieser Zeit, das preußische Königreich beim Bundestag, der Delegierten-Versammlung aller Mitglieder des auf dem Wiener Kongress gegründeten Deutschen Bundes, zu vertreten. Im November wurde er in das preußische Herrenhaus, der ersten Kammer des preußischen Landtages, berufen.

Putbus und auf der Insel Rügen	*Berlin und in Deutschland*	*Europa und auf der Welt*
- Tod des Fürsten zu Putbus, Ehefrau tritt Nachfolge an - »Preußensäule« zur Erinnerung an Schlacht vor Neukamp errichtet - Beginn des Ausbaus der Chaussee zwischen Putbus und Garz	- erste deutsche Industrieausstellung in München - Frankfurter Bank entsteht als Notenbank - Litfaßsäule erfunden	- Krimkrieg bestimmt Europapolitik - Erteilung der Konzession zum Bau des Suezkanals - Erfindung des Kerosins

1866

Otto von Bismarck war seit vier Jahren als preußischer Ministerpräsident und Minister des Auswärtigen tätig. Politischen Erfolg erreichte er in der Auseinandersetzung zwischen Preußen und Österreich, die mit dem preußischen Sieg endete.

Putbus und auf der Insel Rügen	*Berlin und in Deutschland*	*Europa und auf der Welt*
- Aufräumarbeiten am 1865 niedergebrannten Schloss im Landschaftspark zu Putbus - Königliches Pädagogium feiert 30. Jubiläum seiner Gründung	- Attentat auf Otto von Bismarck - Sieg Preußens im Deutschen Krieg - Vorbereitung der Gründung des Norddeutschen Bundes unter Beteiligung von 22 deutschen Teilstaaten	- Ende des amerikanischen Bürgerkrieges - Betrieb des ersten Telegraphenkabels durch den Atlantik nach Amerika

Anhang

1. Bismarcks Rügenbesuch im Jahr 1866 im Rügenschen Kreis- und Anzeigeblatt, das zu damaligem Zeitpunkt noch nicht täglich erschien

Nr. 81, Mittwoch, 10. Oktober
»Putbus, den 8. Oktober. Am Sonnabend gegen Abend trafen Se. Exzellenz Herr Ministerpräsident Graf Bismarck nebst Familie hier ein und stiegen im Hotel du Nord ab. Der hiesige Gesangverein brachte am Abend dem hochverehrten Gaste ein Ständchen und begrüßte denselben durch ein dreimaliges Hoch, in welches die in großer Zahl anwesenden Bürger unseres Ortes begeistert einstimmten.
Leider ist der Herr Graf in der darauffolgenden Nacht von heftigem Unwohlsein ergriffen worden. Er siedelte am Sonntag in das für ihn eingerichtete Haus im fürstlichen Küchengarten über. Der Gesundheitszustand hat sich nun wesentlich verbessert; Se. Exzellenz haben heute das Bett verlassen.
Die Reise nach Stubbenkammer haben die beiden Söhne des Grafen heute allein gemacht. Der Herr Graf selbst wird, sobald es sein Befinden erlaubt, nach Karlsburg zurückkehren. Bis jetzt ist der Tag der Abreise noch unbestimmt.«

Nr. 82, Sonnabend, 13. Oktober
»Eingesandt. Am 6. dieses Monats reist der Ministerpräsident Graf Bismarck nebst Familie nach der Insel Rügen. Herr von Harder hatte die Ehre, mit Se. Exzellenz auf dem Dampfschiffe zusammen zu treffen, derselbe fuhr nach Kasselvitz, um die Nachricht zu bringen, worauf Frau von Harder von Ralow, Herr von der Lancken nebst Gemahlin von Mulitz bis zur Chaussee fuhren, wo sie den Wagen erwarteten, um Se. Exzellenz ein Bouquet zu überreichen.
Nach 5 kam der Wagen, worin der Ministerpräsident Graf Bismarck saß, bei Überreichung der Blumen wurde ihnen die hohe Ehre zu teil, von Se. Exzellenz aufs Freundlichste begrüßt und angeredet zu werden.«

Nr. 84, Sonnabend, 20. Oktober
»Für Se. Exzellenz, den Grafen Bismarck, hatten Se. Durchlaucht der Fürst eine Fasanenjagd am Badewege veranstaltet, bei welcher auch die hohen Damen zugegen waren. Außer Se. Exzellenz nahmen nur der Fürst, die Frau Fürstin und der Graf von Lottum tätigen Anteil. Es war reiche Beute heimgebracht. Se. Exzellenz, obgleich noch sehr angegriffen von der kaum überstandenen Krankheit, erlegten dennoch in kurzer Zeit 14 Fasanen und 2 Hasen.«

Nr. 86, Sonnabend, 27. Oktober
»Die Rückkehr des Ministerpräsidenten Grafen Bismarck nach Berlin ist dem Vernehmen nach um die Mitte der nächsten Woche zu erwarten. Das Leiden des Grafen wird bis dahin voraussichtlich nicht völlig geheilt sein, eine Gefahr wird jedoch schon längerer Zeit in dem Übel nicht gefunden.«

Nr. 87, Mittwoch, 31. Oktober
»Die Nachrichten über das Befinden des Ministerpräsidenten Grafen von Bismarck lauten fortwährend günstig und es ist möglich, dass Graf Bismarck noch auf einige Zeit seinen Aufenthalt nach Kröchelndorf verlegen wird.«

Nr. 88, Sonnabend, 3. November
»Die guten Nachrichten über das Befinden des Grafen Bismarck dauern fort und derselbe wird mit Beginn der Landtags-Session in Berlin wieder eintreffen.«

Nr. 89, Mittwoch, 7. November
»Politische und sonstige Nachrichten. Der Ministerpräsident Graf Bismarck verweilt noch in Putbus und wird, da ihm die dortige Luft sichtlich zur Stärkung gereicht, vermutlich noch einige Zeit dort bleiben. Er konnte in den letzten Tagen bereits wieder der Jagd nachgehen. Noch einige Wochen der Ruhe und Enthaltung von Geschäften dürften zur vollen Kräftigung des Staatsmannes führen. Man darf annehmen, dass er etwa gegen Ende November zu amtlicher Tätigkeit zurückkehren werde.«

Nr. 90, Sonnabend, 11. November
»Vermischtes. Im Preußenlande ist zwar die Anerkennung des großartigen Genies unseres Ministerpräsidenten – mit sehr vereinzelten und deshalb vollständig wegfallenden Ausnahmen – eine ganz allgemeine. Dennoch ist es schon immer noch interessant, auch die Stimmen des Auslandes über diesen Staatsmann zu hören. Da sagt also neuerdings die englische Times, welche bis vor kurzem zu den gehässigsten und erbittertsten Widersachern von Preußen im Allgemeinen und vom Grafen Bismarck speziell gehörte: ›Er (Bismarck) hat nicht Weniges erreicht und kann das Übrige füglich der Zeit und Deutschland selbst überlassen. Es wird nicht lange dauern und die süddeutschen Staaten werden um die Wiedervereinigung bitten, während Österreichs einzige Hoffnung auf der innigsten Allianz mit Deutschland beruht.‹
›Wir möchten nicht gern zu Graf Bismarcks krassen Panegyrikern gezählt werden. Aber etwas von dem Lobe, das dem Gründer des preußischen Staatsgebietes (Friedrich II.) gespendet wird, kann man dem Mann nicht versagen, der so viel zu seiner Vollendung tat. Er wusste, was er wollte, und war entschlossen, es durchzusetzen. Gibt es einen zweiten Mann in Deutschland oder, wir möchten beinahe fragen, irgendwo sonst in unserer Zeit, von dem sich in Wahrheit so viel sagen lässt? ‹«

Nr. 91, Mittwoch, 14. November
»Politische Rundschau. Ministerpräsident Graf Bismarck verweilt noch in Putbus. In dem Maße, in welchem die körperliche Kraft und Frische des hohen Staatsmannes wieder zugenommen haben, ist in ihm auch der Drang zu weiterem Schaffen wiedergekehrt. Besonders liegt ihm die Vollendung des so glücklich begonnenen Werkes, die rasche Aufrichtung des Norddeutschen Bundes, am Herzen, und er wünscht, an den Vorarbeiten hierzu sich persönlich zu beteiligen. Hoffentlich wird ihm die baldige Rückkehr zu solchem Zwecke gestattet sein, wenn auch im Interesse Preußens zu wünschen und zu erwarten ist, dass er seine Kräfte so viel als irgend möglich, auch ferner noch schone.«

Nr. 92, Sonnabend, 17. November
»Der Ministerpräsident Graf Bismarck dürfte gegen Ende dieses Monats nach Berlin zurückkehren, um vor allem die Leitung der Verhandlung in Betreff des Norddeutschen Bundes in seine Hand zu nehmen. Bald nach seiner Rückkehr im Laufes des Dezembers werden vermutlich die Vorberatungen mit den Bundesregierungen in Berlin stattfinden.«

Nr. 97, 5. Dezember
»1. Dezember. Heute, nach 8wöchentlichem Aufenthalte hat der Ministerpräsident Graf Bismarck, sichtlich erholt und neu gestärkt, unsere Insel wieder verlassen.
Leider war es den Eingesessenen nicht vergönnt gewesen, demselben ihre Sympathien durch äußerliche Kundgebungen – mit Ausnahme der früher mitgeteilten Adresse der Kreisstände – zu bezeugen; aber die treuesten Segenswünsche folgen dem verehrten Manne noch und die Hoffnung, dass Er dauernde körperliche Kräftigung gefunden haben möge, um noch lange mit seinem klugen Rat und seinem festen Willen Sr. Majestät dem Könige zum Heile des Vaterlandes zur Seite stehen zu können.
Dies dem Ministerpräsident als die Gesinnung des Kreises noch auszudrücken, erwartete der Landrat mit den beiden Kreisdeputierten heute Se. Exzellenz auf der Durchreise in Samtens. Derselbe nahm diese Begrüßung freundlich entgegen und setzte dann nach Entgegennahme einiger von dem Kammerherrn von der Lancken, als Grundherrn von Samtens, angebotenen Erfrischungen die Reise nach Stralsund, um den ersten Bahnzug zu erreichen, nach kurzem Aufenthalte fort.«
»Putbus. 1. Dezember. Se. Exzellenz der Herr Ministerpräsident Graf Bismarck ist heute nach Berlin zurückgekehrt und wird daselbst seine Amtstätigkeit wieder aufnehmen. Am Abend vor seiner Abreise wurde ihm vom Putbusser Gesangverein ein Abschiedsständchen gebracht. In bekannter freundlicher Weise dankte der Herr Ministerpräsident dem Dirigenten des Vereins für die ihm bei der Ankunft und Abreise bewiesene Aufmerksamkeit.«

Nr. 99, Mittwoch, 12. Dezember
»Politische und andere Nachrichten. Der Ministerpräsident Graf Bismarck ist nach zweimonatiger Abwesenheit sichtlich gestärkt von der Insel Rügen nach Berlin zurückgekehrt. Er hat alsbald die Leitung der Geschäfte des Staatsministeriums und der auswärtigen Angelegenheiten in allen Richtungen wieder übernommen, in alter Weise täglich Sr. Majestät dem Könige Vortrag gehalten und im Ministerrat den Vorsitz geführt. – Der Kriegsminister von Roon ist gleichfalls neu gekräftigt von seiner Urlaubsreise zurückgekehrt. Derselbe hat bereits den Landtagsverhandlungen wieder beigewohnt und wird das Militärbudget in nächster Woche selbst vertreten. Der Gedanke, den Ministerpräsidenten in die Dotationsliste aufzunehmen, hat der Regierung wohl niemals ferngestanden und es ist nur deshalb davon Abstand genommen, weil der Beteiligte selbst die Aufnahme entschieden abgelehnt hat. Diese Aufnahme gewinnt aber natürlich ein ganz anderes Aussehen, wenn sie ihm von den Vertretern der Nation aus freiem Antriebe als eine Ehrenschuld des Landes entgegengetragen wird.«

2. *Romanauszug mit einer Episode aus dem Leben Otto von Bismarcks*

Der Schriftsteller Karl Bleibtreu (1858–1928) verwendete zahlreiche biografische Details aus dem Leben Bismarcks, um seinen Roman »Bismarck. Ein Weltroman in 4 Bänden« zu schreiben und 1915 zu veröffentlichen. Darin finden wir nachfolgende Episode über den Putbusbesuch von 1866:

Bismarcks Kuraufenthalt auf Rügen
Band 2, Kapitel 24

»Er /Bismarck – d. A./ überstand's und floh zuerst nach Karlsburg zu Vetter Bismarck-Bohlen und dann nach Rügen, wo ihn sein alter Bekannter Fürst Putbus aus unbehaglichem Gasthofe in einen freundlichen Gartenpavillon als Gast einlud. Dort fand er seine alte Geliebte, die See, deren Hauch ihn belebend küsste, dort wanderte er im Urwalde der Insel Vilm, wenn er vom terrassengeschmückten Gartenhaus dorthin sich hinüberrudern ließ. Seine Jungens Herbert und Bill und seine Tochter Maria waren neben der treuen Lebensgefährtin fast sein einziger Verkehr. Der Patient verbat sich die eigennützigen Besucher jeder Art, auch Korporationen und Deputationen. Fürst und Fürstin Putbus im nahen Jagdschloss stellten sich selten ein, um nicht zu stören. Aus ihren Bogenfenstern schaute man auf grüne Einsamkeit und flimmerndes Meer und das rote Licht des Leuchtturmes Oie. Doch zauberte die wunderbare Mondlandschaft dem dichterischen Fühlen des Staatsdenkers alte Zeiten vor. Einmal ließ er sich herbei, zu Gaste zu sein, doch Frackanziehen gab es nicht. Dunkler Buckskinrock, graue Beinkleider, ein wahrhaft großer Herr darf immer der alte Burschikosus bleiben, alle anderen sehen doch neben ihm wie gebildete Schuster aus. Man muss nur die richtigen Augen haben. Sein fröhliches Lachen klang so wohlklingend, als sei er noch der Göttinger Student. Seine immer gleiche vornehme Höflichkeit, die mit jovialer Derbheit abwechselte, gewann ihm schon manches ursprünglich abgewendete Herz. Als ihm ein damals weit bekannter, heute völlig vergessener Gartenlaube-Autor Wellner, der bis zu ihm durchdrang und am Diner beim Fürsten teilnahm, von einem originellen Briefträger für Liebende erzählte, lachte der Minister: ›Briefsteller für Liebende sollen ein nützliches Möbel sein, ich hab's nie probiert, postillons d'amour gibt's ja überall, mit oder ohne Uniform, aber Liebende sind so unpraktisch, nüchterne Leute rekommandieren Briefe. Ihrem Briefträger wird Kollege Itzenplitz noch aufs Dach steigen.' Bei den Austern sah man, dass dieser schlichte Herr im Buckskin an kaiserlichen Tafeln saß. Johanna aber mahnte später: ›Otto, dies Gericht darfst du deinem kranken Magen nicht antun!'

›Nun frage ich Sie, meine Damen', er ließ die Schüssel vorübergehen, ›kam Ihnen je solch ein Prachtexemplar von gehorsamem Pantoffelhelden vor?' Die reizende kluge Fürstin brachte die hübsche Bemerkung an: ›Sie also, liebe Gräfin, sind die einzige Glückliche, der unser eiserner Graf sich beugt.' Johanna, die Schmucklose, in einfachem grauen Seidenkleid, erfüllte die anwesenden Offiziere mit einer merkwürdigen bezwingenden Hochachtung. Ihr reiches schwarzes, in der Mitte schlicht und sauber gescheiteltes Haar trug keinen Kopfputz. Das dunkle tiefe Auge, das auch ihre Tochter erbte, hatte eine ruhige Klarheit, einen heiteren Lebensernst, der die Urweisheit des weiblichen Geschlechtes widerstrahlte. Sie schien die Verkörperung hausmütterlichen Wohlwollens und Wohltuns und doch eines starken Charakters, mit einem Worte: eine echte Frau. Die bescheidene Anspruchslosigkeit dieses ausgezeichneten weiblichen Menschen wirkte geradeso unheimlich ehrfurchtgebietend wie die problematische Genialität des Gemahls. Auf die freundliche Bemerkung der Fürstin erzählte sie mit bestem Humor, wie Ottochen sich außerdem noch dem Koch beuge, der als Premier der Küche sich nicht gefallen lasse, wie der Ministerpremier über seinen Arbeiten das Diner versäume.

…Otto erzählte wehmütig von einer anderen Küchenherrschaft in seiner Jugend, der guten alten Trine Neumann, die als Mädchen für alles die Brüder Bismarck auf dem Berliner Gymnasium überwachte und ihnen jeden

Abend wunderbare Eierkuchen buk. Wenn der kleine Otto zu lange ausblieb und die Kuchen anbrannten, schimpfte sie: ›Ut dich wat ins Leben nix Vernünftiges.' Der Minister warf kleine Eisstückchen in den Champagnerkelch und hob ihn hoch. ›Deinem Andenken, gute alte Seele! Wenn du das erlebt hättest, dass dein toller Otto doch noch vernünftig wurde!' Und wer weiß, dachte er heimlich, ob unsere lieben Abgeschiedenen es nicht doch miterleben und immer in unserer Nähe sind! Mein guter alter Vater hätte sich auch gefreut – vielleicht freut er sich gerade jetzt und sitzt unsichtbar mit am Tische. Er stand auf und blickte zum Fenster hinaus auf das mondhelle Mönchgut. ›Ach, meine Herrschaften, selig sind die Einfältigen. Vielleicht sind die braven Insulaner hier, abgeschlossen von der sündigen großen Welt, viel glücklicher als wir. Unseren Tand entbehren sie nicht. Wenn sie Brot und Hütte, Weib und Kind haben, wozu brauchen sie schlaflose Nächte des Ehrgeizes? Sie kennen nur Sturm und Kampf des allgewaltigen Meeres, das wie das Schicksal den Menschen erhebt, selbst wenn es ihn zermalmt. Wir Kinder der Welt bersten untereinander vor Neid, doch dies garstige Gefühl sollten wir nur gegen solche Naturkinder spüren, die nichts von unseren Plagen kennen.'«

3. Gespräch mit dem Badegast Wellner in Putbus

In den persönlichen Aufzeichnungen eines Badegastes finden wir eine Episode, an die sich Otto von Bismarck während seines Aufenthaltes auf Rügen erinnerte.

»Bismarck erzählt: ›Bei Königgrätz hatte ich nur noch eine einzige Zigarre in der Tasche, und die hütete ich während der ganzen Schlacht wie ein Geizhals seinen Schatz. Ich gönnte sie mir nämlich augenblicklich selber noch nicht. Mit blühenden Farben malte ich mir die wonnige Stunde aus, in der ich sie nach der Schlacht in der Siegesruhe rauchen wollte. Aber ich hatte mich verrechnet…‹ Wellner: »Und wer machte Ihnen einen Strich durch die Rechnung?‹ Bismarck: ›Ein armer Dragoner. Hilflos lag er da, beide Arme waren ihm zerschmettert, und er wimmerte nach einer Erquickung. Ich suchte in allen Taschen nach – fand nur Gold – und das nutzte ihm nichts…, doch halt, ich hatte ja noch eine kostbare Zigarre« Die rauchte ich ihm an und steckte sie ihm zwischen die Zähne…, das dankbare Lächeln des Unglücklichen hätten Sie sehen sollen…, so köstlich hat mir noch keine Zigarre geschmeckt, als diese, die ich – nicht rauchte!‹«

Personenübersicht mit Lebensdaten

Otto von Bismarck und seine Familienmitglieder
Otto von Bismarck (1815–1898)
Johanna von Bismarck, geb. von Puttkamer (1824–1894), Bismarcks Ehefrau
Marie von Bismarck (1848–1926), Bismarcks Tochter
Herbert von Bismarck (1849–1904), Bismarcks ältester Sohn
Wilhelm (Bill) von Bismarck (1852–1901), Bismarcks zweiter Sohn

Bernhard von Bismarck (1810–1893), Bismarcks Bruder
Caroline von Bismarck-Bohlen (1798–1858), Bismarcks Cousine

Bismarcks Zeitgenossen
Albrecht von Alvensleben-Erxleben (1794–1858), preußischer Finanzminister und seit 1854 Mitglied des Preußischen Herrenhaues
Rudolf von Bennigsen (1824–1902), Parlamentarier und Führer der nationalliberalen Fraktion im deutschen Reichstag, 1866 Abgeordneter und Kammerführer im Landtag Hannover
August Brass (1818–1876), deutscher Autor und Publizist, der Bismarck publizistisch unterstützte
Karl Braun (1822–1893), deutscher Politiker, 1855–1867 Anwalt beim Oberappellationsgericht in Wiesbaden, ab 1867 Anwalt in Berlin, 1867–1879 Mitglied des preußischen Abgeordnetenhauses
Lothar Bucher (1817–1883), preußischer Beamter, Journalist und Politiker, 1866 Vortragender Rat im Außenministerium
Bernhard von Bülow (1815–1879), dänischer und deutscher Diplomat und Staatssekretär im Auswärtigen Amt des Deutschen Kaiserreichs
Moritz Busch (1821–1899), deutscher Publizist, 1870–1873 im Dienst des Pressebüros Bismarck
Gustav Prinz Biron von Kurland (1817–1882), preußischer Standesherr, Offizier und Politiker, 1867–1871 Abgeordneter im Reichstag des Norddeutschen Bundes
Max Duncker (1811–1866), Geschichtsschreiber und Politiker, Mitglied der Frankfurter Nationalversammlung, Vortragender Rat beim Kronprinzen Friedrich Wilhelm
Ernst Ludwig von Gerlach (1795–1877), preußischer Politiker, Publizist und Richter
Leopold von Gerlach (1790–1861), preußischer General und konservativer Politiker
Alexander Michailowitsch Gortschakoff Fürst (1798–1883), russischer Staatsmann, Gesandter beim Bundestag, 1856 Außenminister, seit 1866 zugleich Reichskanzler
Robert Hepke (1820–1898), enger Mitarbeiter Bismarcks, Referent für deutsche Angelegenheiten im preußischen Ministerium für Auswärtige Angelegenheiten

Heinrich Friedrich von Itzenplitz (1799–1883), preußischer Minister, Naturwissenschaftler und Jurist
Robert von Keudell (1824–1903), Staatsmann, enger Vertrauter der Familie von Bismarck, 1864 Vortragender Rat im Auswärtigen Amt
Friedrich von der Lancken (1798–1877), Grundherr auf dem rügenschen Gut Plüggentin
Eduard Lasker (1829–1884), preußischer Politiker der Nationalliberalen und Jurist
Edwin von Manteuffel (1809–1885), preußischer Generalfeldmarschall.
Otto von Manteuffel (1805–1882), konservativer preußischer Politiker, Minister des Innern ab 1848 und zwei Jahre später Präsident des Staatsministeriums und Minister der Auswärtigen Angelegenheiten (Entlassung 1858), seit 1864 Mitglied des Herrenhauses
Marcus von Niebuhr (1817–1860), Kabinettrat beim preußischen König Friedrich Wilhelm IV. und Mitglied des Staatrates
Wilhelm von Platen (1816–1870), Landrat auf der Insel Rügen
Wilhelm Malte Fürst zu Putbus (1783–1854), Ortsgründer von Putbus, Erblandmarschall, Mitglied des Staatsrates und General der Infanterie
Wilhelm Fürst zu Putbus, Reichsgraf von Wylich und Lottum (1833–1907), Erblandmarschall, Mitglied des preußischen Herrenhauses und Obersttruchsess des preußischen Königs
Karl Friedrich von Savigny (1814–1875) Beauftragter für Verhandlungen zur Gründung des Norddeutschen Bundes, später Vorsitzender der Regierungskonferenz
Gustav Scharlach (1811–1881), Bismarcks Korpsbruder aus der Göttinger Studienzeit
Alexander von Schleinitz (1807–1885), preußischer Staatsminister, 1858–1861 Minister des Auswärtigen und 1861–1885 Minister des königlichen Hauses
Dr. Heinrich Struck (1825–1902), Mediziner und 30 Jahre lang Otto von Bismarcks Hausarzt
Hermann von Thile (1812–1889), Staatsmann, Gesandter in Athen und Rom, dann Unterstaatssekretär und bis 1872 Staatssekretär im Auswärtigen Amt
Hermann Wagener (1815–1889), preußischer Jurist, Chefredakteur der Neuen Preußischen Zeitung (Kreuzzeitung), konservativer preußischer Ministerialbeamter und Politiker
Wilhelm I., Deutscher Kaiser und König von Preußen (1797–1888), 1858 Regent, 1861 König, 1871 Kaiser

Quellennachweis

Zeitungen

Rügensches Kreis- und Anzeigeblatt. Ausgaben vom 10. Oktober bis 12. Dezember 1866. Putbus 1866. (Stadtarchiv Stralsund)

Stralsundische Zeitung. Ausgabe vom 1. September 1854. (Stadtarchiv Stralsund)

Literatur

1.

Herbert von Bismarck: Fürst Bismarcks Briefe an seine Braut und Gattin. 5. Auflage mit Erläuterungen und Register von Horst Kohl. Stuttgart und Berlin 1916.

Johanna von Bismarck. Ein Leben in Briefen. Hrsg. von Eduard Heyck. Stuttgart/Berlin 1915.

Otto von Bismarck. Gedanken und Erinnerungen. Bd. 1. Hrsg. von Horst Kohl. Berlin 1898.

Otto von Bismarck: Bismarckbriefe. 1836–1873. Hrsg. von Horst Kohl. Bielefeld/Leipzig 1900.

Otto von Bismarck: Aus Bismarcks Briefwechsel. Anhang zu den Gedanken und Erinnerungen. Stuttgart/Berlin 1901.

Otto von Bismarck: Die gesammelten Werke (Friedrichsruher Ausgabe). Berlin 1924–1935.

Otto von Bismarck: Die gesammelten Werke. Politische Schriften. Bd. 6: Juni 1866 bis Juli 1867. Bearbeitet von Friedrich Thimme. 2. Auflage. Berlin 1929–1931. S. 167–173.

Otto von Bismarck: Gedanken und Erinnerungen. Berlin 1942.

Otto von Bismarck. Werke in Auswahl. Bd. 8. Teil B. Rückblick und Ausblick. 1890–1898. Hrsg. von Rudolf Buchner und Georg Engel. Stuttgart, 1983.

Otto von Bismarck: Bismarcks Briefwechsel mit dem Minister Alexander Freiherrn von Schleinitz. 1858–1861. Übertragung von Fraktur in Aquatinta. Hamburg 2011.

2.

Winfried Baumgart, Wolfgang Elz und Werner Zürner: Preußische Akten zur Geschichte des Krimkrieges: 9. August 1854 bis 15. April 1856. Serie 2. Band 2.München 1990.

Alfred Biese: Bismarck in Putbus. In: Unser Pommerland. VII. Jg. Heft 4. Stettin 1922. S. 130–132.

Karl Bleibtreu: Bismarck. Ein Weltroman in 4 Bänden. Berlin 1915.

Florian Buch: Große Politik im Neuen Reich. Gesellschaft und Außenpolitik in Deutschland 1867–1882. Kassel 2004.
Moritz Busch: Tagebuchblätter. Bd. I bis III. Leipzig 1899.
Anna Ebers: Das Bismarck-Buch. Charakterzüge, Denkwürdigkeiten und Erinnerungen. Bremen 2012. (Nachdruck von 1909)
G. Eichler (Hrsg.): Das Testament Friedrich Wilhelm III. und die Thronreden Friedrich Wilhelm IV. bei der Huldigung in Königsberg und Berlin. Sechs Staatsurkunden für das preußische Volk. Berlin 1840.
Ernst und Achim Engelberg: Die Bismarcks. Eine preußische Familiensaga vom Mittelalter bis heute. München 2010.
Waltraut Engelberg: Das private Leben der Bismarcks. Berlin 1998.
Michael Epkenhans / Ulrich von Hehl (Hrsg.): Otto von Bismarck und die Wirtschaft. Paderborn 2013.
André Farin: Wilhelm Malte zu Putbus und seine Fürstenresidenz auf der Insel Rügen. Eine Biografie über eine norddeutsche Gründerpersönlichkeit des 19. Jahrhunderts. 5. erweiterte Auflage. Putbus 2012 (1).
Ders.: Lauterbach. Rügens erstes Seebad. Hafenort. Bootsbautradition. 2. Auflage. Putbus 2012 (2).
Lucie Fels: Die Kaiserin Friedrich im Urteil ihrer Zeitgenossen. Dissertation. Köln 1926.
Lothar Gall: Bismarck – Der weiße Revolutionär. Berlin 1980.
Gerhart Hauptmann: Das erzählerische Werk. Band 9. Im Wirbel der Berufung. Frankfurt/Main/Berlin 1962.
George Hesekiel: Das Buch vom Grafen Bismarck. 2. Auflage. Bielefeld/Leipzig 1869.
Julius von Jasmund (Hrsg.): Aktenstücke zur orientalischen Frage. Band 1. Berlin 1855.
Georg Koeppen: Bismarck. Seine Zeit und sein Wirken. Berlin 1899.
Horst Kohl (Hrsg.): Bismarck-Jahrbuch. Band 1. Berlin 1894.
Adolf Kohut: Bismarcks Beziehungen zu Rügen. In: Rügenscher Heimatkalender. Bergen 1910. S 82–86.
Eberhard Kolb: Großpreußen oder Kleindeutschland? Zu Bismarcks deutscher Politik im Reichsgründungsjahrzehnt. In: Forschungen zur Brandenburgischen und Preußischen Geschichte. Neue Folge. Beiheft 1. Bismarck und seine Zeit. Hrsg. von Johannes Kunisch. S. 11–36.
Ders.: Bismarck. München 2009.
Ulrich Kühn: Der Grundgedanke der Politik Bismarcks. Dettelbach 2001.
Viktor Loebe: Zur Erinnerung an Seine Durchlaucht Wilhelm Fürsten und Herren zu Putbus. Putbus. 1907.

Ders.: Putbus. Geschichte des Schlosses und der Entstehung und Entwicklung des Badeortes. Eine Festgabe zur Hundertjahrfeier der Gründung des Ortes. Putbus 1910.
Erick Marcks: Otto von Bismarck. Ein Lebensbild. Stuttgart 1935.
Friedrich Marcks: Bismarck und Putbus. In: Putbusser Erinnerungen aus großer Zeit. Zwei Schulreden von Friedrich Marcks. In der Beilage zum Jahresbericht des Königlichen Pädagogiums in Putbus. Putbus 1910. S. 13–25.
Günter G. A. Marklein: Mensch Otto. Vergnügliches über die Ess- und Trinkgewohnheiten von Otto von Bismarck Ein Kochbuch. Bismark/Altmark 2003.
Adolf Matthias: Bismarck. Sein Leben und Werk. München 1918.
Arnold Oskar Meyer: Bismarck. Der Mensch und der Staatsmann. Mit einem Geleitwort von Hans Rothfels. Stuttgart 1949.
Albrecht Müller: Bismarck, Nietzsche, Scheffel, Mörike. Der Einfluss nervöser Zustände auf ihr Leben und Schaffen. Bonn 1921.
Thomas Nipperdey: Deutsche Geschichte 1866–1918. – Bd. II: Machtstaat vor Demokratie – 3., durchges. Aufl. – München 1995.
o. A.: Bismarck in Briefen von Zeitgenossen. Berlin 1934.
Johannes Penzler: Geschichte des Fürsten Bismarck in Einzeldarstellungen. Band 2. Berlin 1907.
Hermann von Petersdorff: Bismarck in Pommern. In: Baltische Studien. Neue Folge. – Bd. VII – Stettin 1903. S. 214–215.
Otto Pflanze: Bismarck. Der Reichsgründer. München 2008.
Heinrich von Poschinger (Hrsg.): Unter Friedrich Wilhelm IV. Denkwürdigkeiten des Ministers Otto von Manteuffel. Band 2: 1851–1854. Hamburg 1870.
Hans Rothfels: Bismarcks Briefe. Göttingen 1955.
Hans-Joachim Schoeps: Preußen. Geschichte eines Staates. – 2. Auflage – München 2001.
Andreas von Seggern: Frau ohne Eigenschaften? Zur Eröffnung der Sonderausstellung zu Johanna von Bismarck. Otto-von-Bismarck-Stiftung. Friedrichsruh 17.06.–09.09.2007. In: Geschichte und Politik in der Schule. Nr. 44. Hamburg 2007. S. 17–20.
Leopold Spreer: Malte Herr und Fürst zu Putbus. Ein Lebensbild. In: Festschrift zur Feier des fünfzigjährigen Jubiläums des Königlichen Pädagogiums zu Putbus. Putbus 1886.
Jonathan Steinberg: Bismarck: Magier der Macht. Berlin 2012.
Volker Ullrich: Das erhabene Ungeheuer. Napoleon und andere historische Reportagen. München 2008.

Andreas Vogel: Johann Gottfried Steinmeyer und Putbus. Schwerin 2003.
Arnold Wellner: Ein Diner beim Fürsten Putbus auf Rügen. In: Daheim. Ein deutsches Wochenblatt mit Illustrationen. III. Jg. Nr. 14. 1867. S.212–218.
Johannes Willms: Dämon der Deutschen. Anmerkungen zu einer Legende. München 1997.
Heinz Wolter: Otto von Bismarck. Dokumente seines Lebens. 1815–1898.
Fritz Worm: Bismarck und der Darsbander Kutscher. In: Rügenscher Heimatkalender. Putbus 1936. S. 74.

Internet

Gerd Fesser: Krimkrieg. Europas erstes Verdun. Zeit online. 7.8.2003. www.zeit.de/2003/33/A-Krimkrieg/seite-2
Hans-Jürgen Perrey: Nirgends ist ihm ganz zu trauen. Bismarck im Urteil Theodor Fontanes. 1998. In: http://www.perrey.info/media/artikel/Fontane_Bismarck.pdf
O. A.: Ich ängstige mich. S. 48–67. In: Ausgabe des Spiegel 14/1965 in: http://www.spiegel.de/spiegel/print/d-46170009.html
Die feierliche Verkündigung des Deutschen Kaiserthums in Versailles. Nach dem »Staats-Anzeiger«. No. 4. Provinzial-Correspondenz. Neunter Jahrgang. 25. Januar 1871. In: http://zefys.staatsbibliothek-berlin.de/en/amtspresse/ansicht/issue/9838247/1735/5/

Bildnachweis

Das Titelbild wurde entnommen aus Walter Stein (Hrsg.): Bismarck. Des eisernen Kanzlers Leben in annähernd 200 seltenen Bildern nebst einer Einführung. Im Jahre des 100. Geburtstags Bismarcks und des großen Krieges 1915. Siegen und Leipzig 1915.

Die anderen verwendeten Bilder stammen aus dem Bildarchiv des Autors.

Buchtipps

Weitere Veröffentlichungen des Autors André Farin

Wilhelm Malte zu Putbus
und seine Fürstenresidenz auf der Insel Rügen.
Putbus 2012.
ISBN: 978-3-00-008844-X
Die Biographie über eine norddeutsche Gründerpersönlichkeit des beginnenden 19. Jahrhunderts verschafft einen Überblick über Leben und Werk des Fürsten zu Putbus.

Schaurig-schönes Rügen.
Von Steinzangern, Schatzsuchern und schießenden Jungfrauen.
Putbus 2007.
ISBN: 978-300-020513-2
Geschichten von Rügen gibt es viele. Die in diesem Buch veröffentlichten 30 Episoden aber sind neu. 500 Jahre Rügengeschichte werden beispielhaft lebendig.

Das Haus Putbus
auf der Insel Rügen in Vergangenheit und Gegenwart.
Werl 2007.
ISBN: 978-3-9810315-9-1
Der Band 25 der Reihe »Deutsche Fürstenhäuser« erschien im Börde-Verlag Werl. Erstmals nach dem 2. Weltkrieg wird hier die Geschichte des Fürstenhauses zu Putbus erzählt.

Lauterbach
Rügens ältestes Seebad. Hafenort. Bootsbautradition.
2. Auflage. Putbus 2012.
ISBN: 978-3-00-036509-6
Die Chronik von Lauterbach beginnt mit der Gründung des ersten Seebades auf der Insel Rügen in der Waldung Goor und geht auf die Entwicklung des Ortes bis zur heutigen Zeit ein.

Homepage
www.andre-farin.de

Kontakt und Bestellungen
andre.farin@t-online.de

Weitere Veröffentlichungen im Druck- und Verlagshaus Kruse

Kobsch, Zander, Matuschat
Gutshäuser und Schlösser auf der Insel Rügen
Eine fotografische Zeitreise
144 Seiten Farbdruck, A5 Querformat, Paperback
ISBN: 978-3-94 14444-25-6, Preis: 14,95 €

Aus dieser Reihe ebenfalls erhältlich:
- Gutshäuser und Schlösser in Mecklenburg, Teil 1
- Gutshäuser und Schlösser in Mecklenburg, Teil 2
- Gutshäuser und Schlösser in Vorpommern, Teil 1
- Gutshäuser und Schlösser in Vorpommern, Teil 2

Für weitere Informationen kontaktieren Sie uns bitte.